Samuel Salzbo

Kollektive Unschuld

Die Abwehr der Shoah im deutschen Erinnern

HENTRICH & HENTRICH

»Selbst noch das ›Ich‹ stand für das ›Wir‹.
Ich war kein Nazi, im Grunde waren wir's alle nicht.
Das Wir ist die Brücke, das Schlechte,
das den Nazismus möglich machte.«

Max Horkheimer (1961/62)

»Deutschland eine Schweigeminute wird zu 100 Jahren
Deutschland kann sich nicht erinnern
Deutschland weiß nichts
Doch ein Problem löst sich nicht, nur weil du's vergisst.«

Danger Dan (2008)

Inhalt

Einleitung

Aleida Assmann und Ute Frevert haben vor gut zwanzig Jahren vorgeschlagen, den Umgang mit Geschichte und Erinnerung in der Bundesrepublik zwischen den Polen »Geschichtsvergessenheit« und »Geschichtsversessenheit« zu lokalisieren.[1] Es gibt Phasen, in denen intensive Befassung mit Geschichte erfolgt, und solche, in denen die Erinnerung im öffentlichen Raum nachhaltig verblasst. Die These von Assmann/Frevert aufgreifend, scheint mir beim genaueren Blick auf dieses Wechselverhältnis eines als hervorhebenswert: Die Geschichtsvergessenheit ist besonders dann in der bundesdeutschen Geschichte zu attestieren, wenn es um den Nationalsozialismus und die Shoah geht. Selbst für die späten 1990er Jahre, in denen mit dem Goldhagen-Buch, der Wehrmachtsausstellung, dem Holocaust-Mahnmal und der Diskussion um die Zwangsarbeiterentschädigung wirkungsvoll die Erinnerung an deutsche Täterschaft präsent gemacht wurde, gilt dies mit einer gewissen Einschränkung: denn die Abwehr gegen diese Präsentmachungen war so massiv, dass man sie als aktives Vergessenmachenwollen begreifen kann. Geschichtsversessenheit hingegen zeigt sich besonders, wenn es darum geht, an deutsche Geschichte *jenseits* des Nationalsozialismus zu erinnern, vor allem, wenn es um die Inszenierung als (deutsche) Opfer geht, etwa durch die frühen Straffreiheitsregelungsdebatten, Flucht/Vertreibung oder die Bombenkriegsdebatte, aber auch durch große Ausstellungs-

1 Vgl. Assmann/Frevert 1999.

projekte wie die Staufer- und Preußenausstellung (1977 bzw. 1981), die Diskussionen über ein »Zentrum gegen Vertreibungen« (seit 1999) oder die massive Ungleichgewichtung der Gedenkpolitik zugunsten von Erinnerungsorten an die DDR-Geschichte in jüngster Vergangenheit.

Damit sind die beiden thematischen Pole skizziert, die in diesem Essay in Beziehung gesetzt werden sollen: auf der einen Seite der Umgang mit der Shoah in der Erinnerungskultur der Bundesrepublik und damit verbunden dem bundesdeutschen Antisemitismus, auf der anderen Seite die Thematisierung von deutschen Opfernarrativen, kontextualisiert durch eine Versessenheit auf deutsche Geschichte vor und nach dem Nationalsozialismus. Sind beide Seiten historiografisch relativ gut erforscht, so fehlt es doch bis heute daran, diese Facetten miteinander in Beziehung zu setzen und damit etwas zu begreifen, was historisch mit Blick auf den Nationalsozialismus seit den 1990er Jahren, beginnend mit der Arbeit von Götz Aly und Susanne Heim über die *Vordenker der Vernichtung*[2] und vorläufig kulminierend in den Debatten beim Frankfurter Historikertag 1998, relativ klar ist: der Zusammenhang von antisemitischer Vernichtungs- und völkischer Bevölkerungspolitik, einfacher gesagt, die beiden Elemente der antisemitischen Volksgemeinschaftsphantasie[3] – antisemitisches und völkisches Denken. Dieser Konnex kommt in den erinnerungspolitischen Debatten gleichermaßen wieder zum Tragen: zum einen der rassistische NS-Antisemitismus, nun transformiert in einen Schuldabwehrantisemitismus, der oft auch sekundär genannt wird; zum anderen die völkische Minderheiten- und Volkstumspolitik, bevölkerungspolitisch gewendet, in Form der »Täter-Opfer-Inversionen«[4], für die nun mit den deutschen Vertriebenen maßgebliche Personen argumentativ und symbolisch in den

2 Aly/Heim 1991.

3 Vgl. Wildt 2007.

4 Wodak u.a. 1990.

vergangenheitspolitischen Debatten genutzt werden, die vormals als deutsche Minderheiten eben auch die Subjekte der völkischen Neuordnungs- und Germanisierungspolitik des Nationalsozialismus in Osteuropa waren.

Die Auseinandersetzung mit der nationalsozialistischen Vergangenheit umfasst eine Reihe von unterschiedlichen Dimensionen. Nimmt man die verschiedenen Formen der Erinnerung, aber auch des Gedenkens an den Nationalsozialismus im Laufe der Geschichte der Bundesrepublik in den Blick, stellt man fest, dass es immer wieder zu Spannungen zwischen den Formen öffentlicher Auseinandersetzung mit dem Nationalsozialismus und der privaten Haltung der Menschen gekommen ist. Auch wenn sich die Konstellationen im Laufe der Geschichte entlang der einzelnen Erinnerungsfelder immer wieder gewandelt haben, eröffnet sich ein Konfliktfeld zwischen *allgemeiner* und *partikularer* Erinnerung und den mit diesen Formen verknüpften unterschiedlichen Erinnerungsnarrativen. Als allgemein kann dabei gelten, was im öffentlichen Raum und als offizielle Form der Erinnerung installiert und etabliert wurde, von Gedenkorten und Gedenkveranstaltungen über die (teilweise erfolgte) juristische Auseinandersetzung bis hin zu politisch-programmatischen Reden. Als partikular müssen die Tradierungen innerhalb von Familienerzählungen gelten, die individuellen Erlebnisse aus Berichten der Eltern- oder Großelterngeneration, also das private Geschichtsbild, in dem sich reale Geschichte mit fiktionaler Ausgestaltung vermischt, nicht selten mit der Intention der Reinwaschung der eigenen (Familien-)Biografie (und zumeist unter völliger Ausblendung der Opfer). Öffentliche und private Erinnerung an den Nationalsozialismus stehen dabei immer wieder in Konflikt.

Nimmt man die Debatte über Flucht und Vertreibung nach dem Zweiten Weltkrieg in den Blick, dann zeigen sich hier jedoch bemerkenswerte Kongruenzen. Während die Auseinandersetzung um den Antisemitismus und die

Massenvernichtung der europäischen Juden durch die Deutschen in der bundesrepublikanischen Geschichte immer konfliktreich war – nicht zuletzt wegen der weitreichenden Integration der Nazitätergeneration in die Bundesrepublik, bis hinein in höchste politische Ämter –, hat es in Bezug auf die deutschen Opfermythologisierungen von Beginn des bundesdeutschen Staates an ein hohes Maß an Konsens und damit ein hohes Maß an Identität zwischen allgemeinem und partikularem, mehr noch aber öffentlichem und privatem Erinnern gegeben. Dies beginnt in den frühen Debatten im Deutschen Bundestag um die Frage der Straffreiheitsgesetze und die Selbstinszenierungen besonders in Spielfilmen der 1950er und 1960er Jahre, wie *Arzt von Stalingrad*, *Hunde, wollt ihr ewig leben*, *Des Teufels General*, *Die Brücke* u. a. und wird erst teilweise gebrochen durch die Serie *Holocaust* und später durch *Schindlers Liste* und *Das Leben ist schön*, aber auch massiv fortgesetzt durch *Die Gustloff*, *Der Untergang*, *Unsere Mütter, unsere Väter*, *Die Flucht* oder *Die Vertriebenen. Hitlers letzte Opfer*. Noch während sich in den 1950er und 1960er Jahren die politischen Parteien und später auch die Außerparlamentarische Opposition heiße Gefechte um die Frage der Täterschaft lieferten, war die Unterstellung, dass ein Großteil der deutschen Bevölkerung passiv zu Opfern geworden sei, insbesondere die späteren Vertriebenen aus den vormals von den Deutschen eroberten Territorien Polens, der Tschechoslowakei und anderer osteuropäischer Staaten, nahezu immer Konsens in der bundesdeutschen Geschichte. Selbst bis hinein in die Pamphlete der linken politischen Bewegung findet sich diese Position. Der Opfermythos der Deutschen gehört zu den Gründungsmythen der Bundesrepublik.

Damit war von Beginn an eine »Selbstviktimisierung«[5] der Deutschen ein zentrales Element deutscher Erinnerungskultur. Seit den späten 1990er Jahren ist zu beobachten,

5 Hammerstein 2007: 27.

dass mit dem neuen deutschen Opferdiskurs (neben den Vertriebenendebatten auch die Opferstilisierungen im Kontext der Thematisierung der Bombardierungen Dresdens) Opfer- und Täterdiskurs nicht mehr voneinander getrennt betrachtet werden, sondern in einem postmodernen Nebel der historischen Entkontextualisierung verschwimmen. Damit werden Partikularinteressen der Vertriebenenverbände zum öffentlichen, sakralisierten und verbindlichen Geschichtsbild. Neu ist dabei, dass politische Interessen und damit der Blick auf politische Kausalzusammenhänge aus der Geschichtserinnerung herausredigiert werden sollen. Das oft in diesem Zusammenhang zu vernehmende Argument, nach dem es den Opfern von Gewalterfahrungen gleich sei, warum sie diese Gewalt erleiden mussten, ist zweifelsfrei ein starkes und zutreffendes Argument. Entscheidender für die Auseinandersetzung mit Geschichte ist aber, wie mit diesem Opferstatus umgegangen und wie versucht wird, aus ihm Profit zu ziehen. Der Politikwissenschaftler Herfried Münkler spricht in diesem Zusammenhang vom »politischen Mehrwert« des Opferstatus, um den nun in öffentlichen Debatten gerungen wird.[6]

Wie bereits angesprochen, handelt es sich bei diesem Buch um einen Essay – einerseits, weil an vielen Stellen nicht grundlegend neues Material verwandt wird, ich mich wesentlich auf die Vorarbeiten von Kolleginnen und Kollegen stütze, die viele Einzelfacetten, die hier thematisiert werden, nicht nur bereits erforscht haben, sondern mit Blick auf detaillierte Fragen sehr viel besser untersucht haben; andererseits und vor allem aber, weil dieser Essay aus der Fülle an Literatur eine zentrale These formulieren und sie, wie in dieser Textgattung üblich, pointiert vorstellen will: die These, dass es eine selbstkritische »Aufarbeitung der Vergangenheit«, bei der man »das Vergangene im Ernst verarbeite, seinen Bann breche durch helles Bewußtsein«, wie

6 Münkler 2003.

es Theodor W. Adorno forderte,[7] entgegen aller Proklamationen bezüglich einer angeblichen Erfolgsgeschichte der Auseinandersetzung mit dem Nationalsozialismus in der bundesdeutschen Geschichte, nur rudimentär gegeben hat und dass vielmehr die deutsche Gesellschaft über die Jahrzehnte hinweg aus der *Tätergemeinschaft des Nationalsozialismus* zur *Erinnerungsabwehrgemeinschaft der Bundesrepublik* geworden ist, die durch antisemitische Projektionen und ethnische Selbstviktimisierungsphantasien zusammengehalten wird.

Das ist freilich sehr zugespitzt formuliert: Es gibt in der gesamten Geschichte Gegenbewegungen, gerade die Forschung hat Umfassendes zu einer wissenschaftlichen Aufarbeitung des Nationalsozialismus und der Shoah geleistet und auch im Bereich der politischen Eliten finden sich immer wieder kritische Stimmen – nur: Sie alle waren *nie* die Mehrheit in Deutschland, die meisten, die sich gegen den deutschen Erinnerungskonsens gestellt haben, waren entweder selbst Jüdinnen und Juden oder auf ihre jeweilige Weise *outsider* der deutschen Gesellschaft.

7 Adorno 1959: 555.

1

Schuld, Erinnerung und Abwehr

Hitler habe den Menschen einen neuen kategorischen Imperativ aufgezwungen, schrieb Theodor W. Adorno in der *Negativen Dialektik*, den Imperativ, »ihr Denken und Handeln so einzurichten, daß Auschwitz nicht sich wiederhole, nichts Ähnliches geschehe«.[8] Dieser Imperativ hat bis heute nichts von seiner zwingenden Notwendigkeit verloren, auch wenn manche meinen, ihn historisieren zu können.

75 Jahre nach der Niederschlagung des Nationalsozialismus durch die Alliierten und der Befreiung der Welt von der deutschen Barbarei ist Antisemitismus allgegenwärtig, weltweit, aber auch und gerade in Deutschland. Allgegenwärtig in Form von palästinensischen Banden, die tagtäglich Israel terrorisieren, allgegenwärtig in Form von rechten und linken Verbündeten des antisemitischen Mobs in Europa, die zusammen mit IslamistInnen demonstrieren oder, mal der eine, mal der andere, verantwortlich zeichnen für Gewalt- und Propagandataten gegen Jüdinnen und Juden. Die antisemitischen Vernichtungsdrohungen des Iran stehen nach wie vor im Raum. Bei iranischen Konferenzen von

8 Adorno 1966: 358.

Holocaust-LeugnerInnen in Teheran tummeln sich regelmäßig rechte wie linke AntisemitInnen aus aller Welt, der islamische Antisemitismus agiert weltweit mit brutalstem Terrorismus, was gleichermaßen für den rechtsterroristischen Antisemitismus gilt.

Heute also, da Antisemitismus nicht einfach eine abstrakte Bedrohung, sondern wieder blutige Realität ist, stellt sich die Frage nach der Erinnerung erneut. Gerade die antisemitische Gegenwart erzwingt die Notwendigkeit der Erinnerung, erzwingt es zu ertragen, dass der aktuelle Antisemitismus auf der Tradierung einer Erinnerungsverweigerung fußt, bei der bis heute im nationalen und vor allem familiären Gedächtnis die Weigerung in die Einsicht dominiert, dass – je nach Alter – der eigene Vater oder die eigene Mutter, der eigene Opa oder die eigene Oma, der eigene Uropa oder die eigene Uroma schuldig waren. Schuldig meint dabei Schuld in einem vielfältigen Sinn: die Schuld, weggesehen zu haben; die Schuld, die offensichtlichen Lügen der Nazis geglaubt zu haben; die Schuld, die Straßenseite gewechselt zu haben, wenn einem ein Jude oder eine Jüdin entgegenkam; die Schuld, Freundschaften beendet zu haben; die Schuld, EhepartnerInnen verlassen zu haben; die Schuld, denunziert zu haben; die Schuld, nicht in jüdischen Geschäften gekauft zu haben; die Schuld, Jüdinnen und Juden nichts verkauft zu haben; die Schuld, Angestellte entlassen zu haben; die Schuld, Raubgut und enteignete Waren gekauft zu haben; die Schuld, von Raub und Plünderung der deutschen Soldaten profitiert zu haben; die Schuld, den sogenannten Feindsender nicht gehört zu haben; die Schuld, von Hitler fasziniert gewesen zu sein; die Schuld, geglaubt zu haben, die Juden seien der Ursprung der eigenen Unzulänglichkeiten; die Schuld, die Nazis gewählt zu haben; die Schuld, in einer der unzähligen Situationen des Alltags geschwiegen zu haben: »Zwar wussten die wenigsten alles, aber die meisten doch genug, um aus den verfügbaren Einzelinformationen auf ein Gesamtbild schließen zu können.«[9] Es ist eine Schuld, die weit früher beginnt als beim handgreiflichen Mord, eine Schuld, von der so gut wie keine deutsche Familie frei ist – die aber nach wie vor von der Mehrheit der Kinder und Enkel in ihrer eigenen Familiengeschichte nicht aufgearbeitet wurde bzw. aktiv verharmlost und geleugnet wird.

Antisemitismus ist der schmerzhafteste Ausdruck der Unwilligkeit und der Unfähigkeit, die eigene Vergangenheit als eine Vergangenheit der unerträglichen Verstörung aufzuarbeiten. Deshalb tut man den Opfern auch ein weiteres Mal Gewalt an: eine Gewalt der Erinnerungsverweigerung, eine Gewalt des Vergessens. Die neuen AntisemitInnen ertragen die Verstörung nicht, sie ertragen nicht, dass sich für sie nichts Positives, nichts Konstruktives aus Auschwitz ergibt, sondern dass sie das Erbe der Barbarei nur verarbeiten könnten, wenn sie zunächst einmal bereit wären, es zu ertragen. Wie Adorno in *Schuld und Abwehr* sagt:

> »Man darf vielleicht sagen, daß eigentlich nur der vom neurotischen Schuldgefühl frei ist und fähig, den ganzen Komplex zu überwinden, der sich selbst als schuldig erfährt, auch an dem, woran er im handgreiflichen Sinne nicht schuldig ist.«[10]

Die Täterschaft der eigenen Eltern oder Großeltern verschwindet eben dadurch nicht, dass sie verleugnet oder unbearbeitet verdrängt wird. Sie bleibt bei den Kindern und Enkeln, mit Thanos Lipowatz gesprochen, »anderswo« im Unbewussten und kann von dort wieder, an anderer Stelle, ins Bewusstsein zurückkehren.[11] Die infantile Lüge, die schon Alexander und Margarete Mitscherlich als psychischen Abwehrmechanismus beschrieben haben,[12] nach der man im

9 Bajohr/Löw 2015: 13.

10 Adorno 1955: 320.

11 Lipowatz 1998: 49.

12 Mitscherlich/Mitscherlich 1980: 53f.

Nationalsozialismus »nur« dem Führer gefolgt und von diesem verraten worden, also eigentlich selbst Opfer gewesen sei, wird von der Kinder- und Enkelgeneration tradiert: als doppelte Lüge über die eigenen Eltern und Großeltern, deren Täterschaft emotional und symbolisch stets präsent geblieben ist. Dauerpräsent im Alltag, etwa in Familienfotoalben mit Wehrmachts- und SS-Uniformen, auf Postkartensammlungen »von der Front«, durch weiterhin in Wohnungen befindliche (nun anders genutzte) Waffenschränke, durch lokale Aufmarsch- und Initiationsorte (die beispielsweise von Schützen- und Heimatvereinen weiter genutzt wurden), durch Vertriebenentreffen mit geschichts- und gebietsrevisionistischer Rhetorik und völkischer Brauchtumspflege, durch NS-Bauwerke (deren Architektur auch nach Entfernung der Hakenkreuze nazistisch geblieben ist), durch das Nachwirken von bis heute öffentlich erhaltener NS-Kunst (von Leni Riefenstahl bis Arno Breker), durch rechtsextreme Parteien wie der Sozialistischen Reichspartei oder dem (zeitweilig sogar an der Regierungskoalition beteiligten) Block der Heimatvertriebenen und Entrechteten, durch zahlreiche Altnazis in Ministerämtern und vieles mehr.

Sie blieben aber eben auch in den völkischen und antisemitischen Begriffen präsent, die von der Großeltern-Generation in den 1950er/60er Jahren weiter verwandt wurden, in ihrem Raunen und Imitieren des vermeintlich Jüdischen, wenn ein Repräsentant des Zentralrates der Juden im Fernsehen zu sehen war, ihrem antisemitischen Nachäffen, ihrem Festhalten an den »deutschen Tugenden«, die eben in ihrem zutiefst repressiven und freiheitsfeindlichen Kern (Ordnung, Pünktlichkeit, Sauberkeit etc.) nicht vom Nationalsozialismus »missbraucht«, sondern ihn konsequent vorbereitet haben, in ihren Erziehungsidealen der Härte und Schmerzfreiheit, in ihrem Hass auf Amerika und die Sowjetunion, dem öffentlich goutierten Umweg des Antisemitismus in einer Reformulierung als

Antiamerikanismus und Antikommunismus,[13] ihrem regressiv-nationalen Jubel über den bundesdeutschen Sieg bei der Fußballweltmeisterschaft 1954, ihrer klammheimlichen Freude über die antisemitische Schmierwelle 1959/60 und ihre Sympathie für Bundeskanzler Konrad Adenauer, der diese antisemitischen Straftaten »Lümmeln« zuschrieb, denen man »eine Tracht Prügel« geben müsse und sie damit bagatellisierte und zugleich an die von Mitscherlich/Mitscherlich beschriebene antisemitische Phantasie, doch für seine Wut- und Zornaffekte eben nicht verantwortlich zu sein (weil ja doch nur ein Kind und insofern infantil), anschloss – alle diese und noch viele andere Momente prägten die Sozialisation, in der eben doch andauernd »vom Krieg« erzählt wurde.

Jede/r wusste, dass es unzählige TäterInnen gab, aber niemand wagte zu erkennen, dass diese TäterInnen Abend für Abend mit am eigenen Esstisch saßen, als »vom Krieg« die Rede war, von dem man dann in der Schule erfuhr, dass es ein *deutscher Vernichtungskrieg* war, lernte, dass die Nazis Millionen von Menschen ermordet hatten in diesem und während dieses Krieges – ahnend, dass es einen Zusammenhang geben *muss* zwischen allgemeinem Geschichtslernen und eigener Familiengeschichte, aber sich dieses niemals eingestehend und deshalb die familiäre Täterschaft verdrängend in das Unbewusste, aus dem es dann – als Schuldabwehr, als Israelhass, als Palästinensersolidarität – wieder hervorbricht.

Die Unerträglichkeit der barbarischen Gewalt, die in Person von Vater oder Mutter, Oma oder Opa täglich mit am Tisch saß, das Wissen, dass diese Menschen, die man über alles geliebt hat, genau die antisemitischen MörderInnen gewesen sein *mussten*, von denen man in der Schule hörte, war so unerträglich, dass es verdrängt wurde. Und so wurden die TäterInnen im Familiengedächtnis sogar zu

13 Vgl. Schwan 1999.

Opfern umgelogen, wenn Kinder und Enkel der Nazi-TäterInnen ihre Eltern bzw. Großeltern in der Erinnerung zu Opfern stilisieren, da sie einerseits eben kein präzises Wissen über die NS-Vergangenheit und die Shoah hatten (oder haben wollten) und zugleich die Eltern bzw. Großeltern als Opfer von Bespitzelung, Terror, Krieg, Bomben und Gefangenschaft wahrgenommen wurden, wie die familienbiografische Studie *Opa war kein Nazi*[14] gezeigt hat. Da die Kinder- und Enkelgeneration der NS-TäterInnen Letzteres aber moralisch verurteilte und für »schlecht« und »böse« hielt, wurden die eigenen Eltern und Großeltern zu WiderstandskämpferInnen und Opfern des Nationalsozialismus umgelogen. Historische Schätzungen zeigen hingegen aber, dass der Anteil derer, die potenziellen Opfern des Nationalsozialismus tatsächlich geholfen haben, bei ungefähr 0,3 Prozent liegt, was etwa 200.000 Menschen bei einer Bevölkerung von rund 70 Millionen entspricht.[15] Insofern ist es völlig ausgeschlossen, dass auch nur ein Bruchteil derer, die sich selbst in Oppositions- oder Widerstandsgeschichten ihrer Familien ergehen, damit auch eine Realität beschreiben.

Das Phantasma eines kollektiven Opferstatus und einer erfundenen Widerstandsbiografie ist hingegen bis in die Gegenwart weit verbreitet: Die MEMO-Studie 2019 des Instituts für interdisziplinäre Konflikt- und Gewaltforschung der Universität Bielefeld und der Stiftung Erinnerung, Verantwortung, Zukunft hat gezeigt, dass 69,8 Prozent der Deutschen der Auffassung sind, dass ihre Vorfahren nicht »unter den Tätern während der Zeit des Nationalsozialismus« waren; zugleich phantasieren sich 35,9 Prozent der Deutschen die Lüge herbei, dass ihre Vorfahren »unter den Opfern während der Zeit des Nationalsozialismus« gewesen seien. Und 28,7 Prozent behaupten, dass ihre Vorfahren »während der Zeit des Nationalsozialismus potentiellen Opfern geholfen« hätten.

14 Welzer u. a. 2002.

15 Vgl. Hensel 2018.

Verachtung, Zorn und Wut waren durchaus vorhanden, sie wurden aber nicht gegen die gerichtet, die sie verdient hatten: gegen die eigenen Eltern und Großeltern, sondern abermals projiziert: gegen die Überlebenden und ihre Nachkommen – die man verantwortlich machte für die Erinnerung, dafür, dass man irgendwo tief in seinem Unbewussten eingeschrieben hatte und das ahnende Wissen niemals würde loswerden können, dass die eigenen Eltern oder Großeltern Teil der antisemitischen Vernichtungspraxis waren, dass sie konkret die TäterInnen waren, von denen man im Geschichtsunterricht abstrakt gehört hatte. Dieses unbewusste Wissen ist das psychische Erbe des Antisemitismus, das wie ein Alb auf den Kindern und Enkeln (und bald auch Urenkeln) der TäterInnen lastet,[16] denn, wie Alexandra Senfft gesagt hat: »Kein Geschichtsbuch, kein Film, keine Veranstaltung und keine Ausstellung werden zur Aufklärung führen, wenn wir nicht den persönlichen Bezug erkennen.«[17] Die heutige Elterngeneration hat die Auseinandersetzung mit ihren Eltern, also den TäterInnen des Nationalsozialismus – von wenigen Ausnahmen abgesehen – entweder in Gänze unterlassen oder hinter kryptischen Formeln der Kritik am Nationalsozialismus als »Faschismus« und Überwachungsstaat versteckt und damit den antisemitischen Kern der NS-Politik geleugnet.

Die sowohl aus der verschweigenden wie der rationalisierenden Form der Erinnerungsverweigerung an die konkreten TäterInnen während des Nationalsozialismus resultierende emotionale Erbschaft der Nicht-Aufarbeitung wird an die Enkelgeneration weitergegeben, die nun wiederum noch deutlichere Formen der Erinnerungs- und Schuldabwehr an den Tag legt, weil sich die Nicht-Reflexion verdoppelt: denn mit der Hinterfragung der eigenen Eltern wäre notwendig eine doppelte Kritik verbunden – die

16 Vgl. Moré 2013; Rosenthal 1997.

17 Senfft 2008: 343

unmittelbare an ihnen als Eltern (die jeden individuellen Emanzipationsprozess begleiten muss, soll er gelingen), wie auch die an ihrer unkritischen Form der Entsorgung der eigenen (individuellen wie kollektiven) Vergangenheit im (Nicht-)Dialog mit der Großeltern-Generation.

All die verdrängte Wut und der verschobene Hass auf die unbewussten Familienerbschaften und die Nicht-Aufarbeitung der eigenen Familiengeschichten richtet sich nun wieder bei der Generation der Nachgeborenen gegen die Juden und ihren Staat, der nun militärisch dazu in der Lage ist, sich gegen die AntisemitInnen zu wehren – und der verdrängte Hass tritt auf diesem Umweg wieder ans Licht, einem Umweg, der es ersparte, sich seine Wut und seinen Zorn gegenüber seinen Eltern und Großeltern eingestehen zu müssen, da man nun nicht mehr sie hassen musste, sondern mit ihnen gemeinsam hassen kann. So hat, wie Lipowatz sagt, eben »das Unbewußte, das nicht abgeschafft werden kann«, immer »das letzte Wort«.[18]

Antisemitismus war und ist in der bundesdeutschen Geschichte offiziell diskreditiert, trotzdem sowohl in der Nachkriegszeit wie in der Gegenwart weit verbreitet. Quantitative Studien belegen kontinuierlich und bis in die Gegenwart mindestens 15 bis 20 Prozent Antisemitinnen und Antisemiten in der deutschen Gesellschaft. Diese finden sich in allen politischen Spektren, artikulieren sich aber unterschiedlich – wobei nicht übersehen werden darf, dass alle Varianten des Nachkriegsantisemitismus eine Folge und Reaktion auf den NS-Antisemitismus sind, also nicht ohne die Massenvernichtung der europäischen Jüdinnen und Juden gedacht werden können. Und das heißt, dass jede antisemitische Äußerung in Deutschland dieses Erbe der Schuldverantwortung objektiv einschließt, auch wenn es subjektiv nicht intendiert sein muss. Wir finden Antisemitismus in der Gegenwart gleichermaßen im rech-

18 Lipowatz 1998: 47.

ten, linken und islamistischen Spektrum wie auch in der gesellschaftlichen Mitte.

Während die gesellschaftliche Mitte vor allem der Ort ist, an dem schuldabwehrende Formen von Antisemitismus zu lokalisieren sind, die seit der Beschneidungsdebatte wieder offen und aggressiv, nun aber moralisch-humanistisch legiert und pseudo-geläutert als ein omnipotenter Überlegenheitsantisemitismus geäußert werden,[19] kommt ihr noch eine spezifische Verantwortung für den gegenwärtigen Antisemitismus zu. Denn die Mobilisierungsmöglichkeiten des Antisemitismus haben ihre Ursache in der Mitte der Gesellschaft, insofern ist das dröhnend laute Schweigen weiter Teile der Gesellschaft zum Antisemitismus auch einer der wesentlichen Gründe für dessen zunehmende Mobilisierungsfähigkeit. Die Mehrheit der AntisemitInnen ging davon aus, wie vor allem Werner Bergmann und Rainer Erb gezeigt haben, dass es ein Tabu in der Bundesrepublik gebe, sich antisemitisch zu äußern.[20] Zahlreiche historische Beispiele, wie etwa die Diskussion um die antisemitische Schmierwelle 1959/60, die Fassbinder-Kontroverse oder der Historikerstreit zeigen, dass ein solches Tabu zwar immer in der antisemitischen Phantasie, nie aber in der Realität existiert hat, gleichwohl führte diese Phantasie dazu, dass über lange Zeiträume in der bundesdeutschen Geschichte antisemitische Äußerungen aus der Mitte der Gesellschaft nicht öffentlich, sondern nur halb-öffentlich – etwa am Stammtisch – geäußert wurden. Dies änderte sich mit der Paulskirchen-Rede von Martin Walser 1998, in der Walser Antisemitismus öffentlich salonfähig gemacht hat. Seither tragen Äußerungen von prominenten Politkern oder Künstlern aus der »Mitte der Gesellschaft« dazu bei, dass die ohnehin vorhandenen antisemitischen Einstellungen wieder zunehmend öffentlich sagbar wurden. Insofern liegt die Verantwortung der

19 Vgl. Ionescu 2018.

20 Bergmann/Erb 1986.

gesellschaftlichen Mitte auch darin, dass in einem öffentlichen Klima, in dem Israelhass und antisemitische Schuldabwehr fortwährend öffentlich kommuniziert werden, auch rechter, linker und islamistischer Antisemitismus wieder alltäglicher werden.

Diese von AntisemitInnen aller politischen Spektren geteilte Schuldabwehr steht in direktem psychischen Zusammenhang zu dem gegen Israel gerichteten Antisemitismus und dessen propalästinensischer Orientierung. Denn die Solidarisierungen mit den PalästinenserInnen sind in ihrer Projektionsorientierung gerade deshalb so wirkmächtig, weil sie zweierlei psychische Funktionen erfüllen und insofern eine konformistische Rebellion par excellence sind: Auf der einen Seite stellen sie einen vordergründigen Bruch mit der NS-Ideologie dar, auf der anderen Seite handelt es sich aber um keinen Bruch, sondern nur um ein psychisch wirksames Rebellionssurrogat, in dem das völkische und antisemitische Weltbild des Nationalsozialismus übernommen wird, verbunden mit einer moralischen Scheinabgrenzung. So wird rebelliert, ohne sich (selbstkritisch) infrage stellen zu müssen.

Was man müsste, ist nicht nur, den Schmerz zu ertragen, ihn als unvermeidbar und unausweichlich auszuhalten. Man muss auch begreifen, dass dieser Schmerz gerade von der extremen Rechten weggewischt werden soll, die die Erinnerung abwehrt und das Gedenken bekämpft. Antisemitismus ist immer ein Angriff auf Jüdinnen und Juden, er ist immer ein Angriff auf die Demokratie. Aktuell erfolgt eine tiefe Erschütterung der Demokratie in Deutschland, erstmals in der Geschichte der Bundesrepublik sitzt mit der AfD eine rechtsextreme Partei mit einem zweistelligen Wahlergebnis im Deutschen Bundestag, der Angriff der Antidemokraten auf die Erinnerungs- und Geschichtspolitik läuft auf Hochtouren.[21]

21 Vgl. Salzborn 2017.

Hitler habe, so sagt einer der AfD-Lautsprecher, »sehr viel mehr zerstört als die Städte und die Menschen, er hat den Deutschen das Rückgrat gebrochen, weitgehend«.[22] Statt sich der Opfer der Shoah zu erinnern, möchte er lieber das Recht haben, »stolz zu sein auf Leistungen deutscher Soldaten in zwei Weltkriegen«[23] – das heißt im Klartext: stolz auf die Soldaten sein, die den antisemitischen Vernichtungskrieg geführt haben. Ein anderer dieser Lautsprecher will den NS-Begriff »Volksgemeinschaft« rehabilitieren,[24] da er findet, dass er zu den »völlig unproblematischen und sogar äußerst positiven Begriffe« gehöre, die nicht benutzt werden. Und noch ein anderer erklärt: »Die AfD ist die letzte revolutionäre, sie ist *die letzte friedliche* Chance für unser Vaterland.«[25] Bundesweit sind 55 Prozent der Anhänger dieser Partei, wie aus repräsentativen Umfragedaten des Instituts für Demoskopie Allensbach hervorgeht, der Auffassung, Juden hätten in der Welt zu viel Einfluss. In diesem antidemokratischen und völkischen Weltbild scheint unverhohlen der Geist der Vernichtung auf. Ein Geist, der mit allen Mitteln bekämpft werden muss, damit Auschwitz »nicht sich wiederhole, nichts Ähnliches geschehe«.[26]

22 Gauland 2016.

23 Gauland, zit. n. o. V. 2017.

24 Poggenburg, zit. n. Gensing 2015.

25 Höcke 2017, Herv. nicht i. Orig.

26 Adorno 1966: 358.

2

Bestrafung und Versöhnung in Politik und Justiz: Zwischen partieller Aufarbeitung und genereller Selbstentlastung

Die Niederschlagung des Nationalsozialismus war das konstitutive Gründungsereignis für die Bundesrepublik, wie auch für die DDR und für Österreich. Sowohl verfassungsrechtlich und damit politisch wie auch gesellschaftlich war der Abschied vom Nationalsozialismus in allen drei Fällen nicht freiwillig erfolgt, hatten sich alle drei neukonstituierten Gesellschaften nur rudimentär in Opposition zum NS-Regime befunden, sahen sich alle drei durch die Neuetablierung ihrer politischen Systeme einem fundamentalen Bruch ausgesetzt – und verlief bei allen dreien der von alliierter Seite geforderte Prozess der Entnazifizierung auf politischer Ebene in keiner Weise grundlegend, von der gesellschaftlichen Selbstentlastung großer Teile der Bevölkerung, die das NS-Regime aktiv getragen und weitreichend an ihm partizipiert hatte, ganz abgesehen.

Dennoch verliefen die Linien der Erinnerungsabwehr in der Bundesrepublik, der DDR und in Österreich grundlegend verschieden. Während die junge Bundesrepublik sich zumindest zu einer gewissen, aus dem Nationalsozialismus bedingten Verantwortung bekannte und ihre politische Ordnung nun, in Tradierung antikommunistischer Weltanschauungen, als antitotalitär zu begründen versuchte, wehrte die DDR in ihrer »versteinerten antifaschistischen Erinnerungskultur«[27] jede Form der Verantwortung für den Nationalsozialismus ab, begriff sich als Siegerin der Geschichte und verband eine antifaschistische Selbststilisierung mit einem realsozialistischen Fortschrittsoptimismus. Österreichs Variante der Schuldabwehr in der Zweiten Republik wiederum basierte auf dem Selbstverständnis, erstes Opfer des Nationalsozialismus gewesen zu sein – und zwar, wie Barbara Serloth anmerkt, »das Opfer und sonst gar nichts«.[28] Allen drei war gemein, dass sie ihre NS-Vorgeschichte durch die Abwehr von Schuld und Verantwortung zu tilgen versuchten.

Die westdeutsche Basiserzählung über den Nationalsozialismus basierte einerseits auf der Behauptung von Unwissenheit über und Unbeteiligung am NS-Regime und einer starken Orientierung auf eigene Opferidentitätskonstruktionen, insbesondere über das Themenfeld Flucht und Vertreibung; die ostdeutsche Basiserzählung schlug die Erblast des Nationalsozialismus komplett aus und unterstellte, basierend auf einer der Dimitroff-Formel folgenden falschen NS-Analyse, in der der Nationalsozialis-

27 Thiele 2019: 5.

28 Serloth 2016: 78.

mus zum Faschismus eingeebnet wurde, dass dessen Verantwortung bei den kapitalistischen Eliten gelegen habe und insofern ein antikapitalistischer Staat wie die DDR sich qua definitionem jeder Verantwortung entledigt hätte;[29] der Gründungsmythos der Zweiten Republik ist der »österreichische Opfermythos«[30], fixiert durch die Moskauer Deklaration 1943, die Unabhängigkeitserklärung 1945 und den Staatsvertrag 1955. Österreich sah sich nicht nur als erstes NS-Opfer, sondern erklärte der völkerrechtlichen Okkupationstheorie als »Zauberformel der Zweiten Republik«[31] folgend, ein österreichischer Staat habe ab 1938 gar nicht existiert, und formulierte seinerseits sogar Forderungen nach Entschädigung. Die westdeutsche Variante der Schuldabwehr kann als eine Form *geteilter Erinnerung* begriffen werden, bei der eine umfangreiche Entlastung und Reintegration der TäterInnen und eine durch die Ausblendung des geschichtlichen Kontextes hergestellte empathielose Abwendung von den Opfern, insbesondere den Jüdinnen und Juden, erfolgte. Im Unterschied dazu nutzte die ostdeutsche Variante eine Instrumentalisierung der Opfer (sofern sie für den antifaschistischen Mythos der DDR nutzbar waren), bei der zur »Legitimation und Authentifizierung des Konzepts Antifaschismus« eine »legitimatorische Referenz auf die nationalsozialistische Vergangenheit, und zwar eine, qua der die DDR als Erbe des kommunistischen Widerstands und damit als ›Sieger der Geschichte‹ ausgewiesen« wurde, genutzt wurde,[32] die man als *selektive Amputation von Erinnerung* unter einem instrumentellen Primat des Antifaschismus begreifen kann:

> »Verabschiedet als hegemoniale Staatsdoktrin und Legitimationsgrundlage des SED-Regimes, verhin-

29 Vgl. Wendler 2017; Heitzer u.a. 2018.

30 Manoschek 1995: 96.

31 Ebd.: 98.

32 Thiele 2019: 5.

derte er [der DDR-Antifaschismus; Anm. d. Verf.] langfristig zumindest auf staatlicher Ebene als auch in weiten Teilen der Bevölkerung eine juristische, politische und psychologische Auseinandersetzung mit der nationalsozialistischen Ideologie, die er angetreten war, zu bekämpfen.«[33]

Österreich schließlich manifestierte eine Form eines *erinnerungspolitischen double speak*, bei der im Innern eine Integration der TäterInnen erfolgte und nach Außen das Bild des ersten und doppelten Opfers postuliert wurde, also eine Externalisierung von jeder Verantwortung stattfand, die Erinnerung an die Shoah also letztlich eine »verschmähte Erbschaft« bleibt.[34] Was alle drei Nachfolgestaaten des NS-Regimes damit verband, war ihre durch Verantwortungsabwehr hergestellte Selbstinfantilisierung mit dem Ziel der Selbstviktimisierung durch unterschiedliche Varianten eines kollektiven Opfermythos, der auf einer massiven Schuldabwehr und einer mindestens stillschweigenden Toleranz für Antisemitismus basierte.

Dieser vergleichende Kontext ist, wenn der Vergleich auch nicht genuines Thema dieses Essays ist, wichtig für den Umgang in den ersten Jahrzehnten der Geschichte der Bundesrepublik mit dem Nationalsozialismus und der Shoah, denn er zeigt zweierlei: zum einen, dass die Abwehr der Erinnerung in den drei Nachfolgestaaten des NS-Regimes gleichermaßen vorhanden und virulent war, was auf die tiefe Verankerung des völkisch-antisemitischen Weltbildes und die weitreichende Involvierung der deutschen (und österreichischen) Bevölkerung während des Nationalsozialismus hinweist; zum anderen, dass die hier darzustellenden Facetten und Varianten der bundesdeutschen Erinnerungsabwehr in einen über die alte Bundesrepublik hinausweisenden Sozialkontext der drei NS-Nachfolgegesellschaften

33 Ebd.

34 Manoschek 1995: 94; siehe hierzu auch Falter 2019; Serloth 2019.

integriert war, in dem es eine *schuldabwehrende Erinnerungsgemeinschaft* gab, die unabhängig von konkreter Konstituierung der politischen Systeme verlaufen ist und auch unabhängig von deren ökonomischer Grundierung, insofern also die weltanschauliche Überzeugung das dominante Motiv war, jenseits aller politischen Systemfragen und der ökonomischen Systemkonkurrenz zwischen Kapitalismus und Sozialismus.

Die ersten Jahrzehnte der Geschichte der Bundesrepublik lassen sich mit Blick auf den Umgang mit der NS-Vergangenheit und ihrer Nachgeschichte mit Wolfgang Kreutzberger dabei systematisch in drei Phasen unterteilen.[35] In der ersten Phase (1945–1952) wurde die Entstehung rechtsextremer und rechtskonservativer Parteien sowie der Netzwerke der Altnazis dadurch begünstigt, dass der Antikommunismus den Nationalsozialismus überdauert hatte und auf seiner Grundlage eine Reintegration von vormaligen NationalsozialistInnen in Politik, Gesellschaft und Wirtschaft der Bundesrepublik – mit Ausnahme der lediglich die höchsten NS-Funktionseliten betreffenden Kriegsverbrecherprozesse – weitreichend möglich war. Zugleich wurden aber auch strafrechtliche Möglichkeiten zur Bekämpfung von NS-Artikulationen implementiert, ergänzt um repressive Maßnahmen wie etwa das neugefasste Bundesbeamtengesetz (1950/53) und das SRP-Verbot (1952). Den Hintergrund dieser ambivalenten Haltung – Repression bei gleichzeitiger Integration – bildete die nachhaltige NS-Prägung der gesamten Gesellschaft im Kontext der »Wiederaufbau«-Ideologie, die verbunden war mit sozialen Problemen, nicht zuletzt auch wegen der Flüchtlinge aus den ehemaligen deutschen Ostgebieten, deren politische Organisationen, die Vertriebenenverbände, von Beginn an eine aggressiv antikommunistische, geschichtsrevisionistische und integrationsverweigernde Rhetorik vertraten.

35 Kreutzberger 1998a, 1998b.

Die zweite Phase (1952–1960) sieht Kreutzberger geprägt vom Niedergang explizit rechtsextremer Parteien, die einerseits zu einer Integration von Rechtsextremen in kleinere Parteien (FDP, DP, BHE) führte, andererseits zu der Ausbildung einer umfangreichen rechtsextremen Subkultur mit Traditionsverbänden, Jugendorganisationen, Zeitschriften und Verlagen. Gesellschaftlich zentral ist in dieser Phase die antisemitische »Schmierwelle« 1959/60, wobei der politische Kontext geprägt ist von einer Remilitarisierung der deutschen Gesellschaft, indem einerseits repressiv gegen Nazi-Organisationen vorgegangen, zugleich aber an der Legendenbildung des militärischen (rechtskonservativen) Widerstandes gegen Hitler (20. Juli 1944) gearbeitet wurde, was unter der autoritären Führung der Adenauer-Administration bei geringer politischer Partizipation der Bevölkerung und politisch motivierter Rechtsprechung mit antikommunistischer Intention im Kontext des Kalten Krieges insgesamt günstige Gelegenheitsstrukturen für den Rechtsextremismus und seinen Wiederaufstieg in der dritten Phase (1961–1970) schaffte: Hier dominierte nicht nur die neonazistische NPD mit Wahlerfolgen, sondern ab Mitte der 1970er Jahre nehmen auch die antisemitischen und neonazistischen Propagandadelikte deutlich zu. Zugleich war aber auch die Konfrontation mit dem Rechtsextremismus gesellschaftlich intensiv: Die beginnende Studierendenbewegung stellte die autoritäre Dominanz in der Politik infrage, das Parteienspektrum mit einer übermächtigen Union erodierte, die Gesellschaft begann, sich nachhaltig durch ausländische Arbeitsmigration zu verändern, während aber die Unionsparteien mit Blick auf den Rechtsextremismus nach wie vor zwischen Repression und Integration schwankten, auch begründbar durch ihre Ablehnung der aufkommenden neuen sozialen Bewegungen.

Kontextualisiert man diese politischen Rahmenbedingungen mit dem konkreten (Nicht-)Umgang mit der NS-

Vergangenheit in Politik und Justiz, dann lässt sich mit Peter Reichel[36] von einer »Bewältigung der Vergangenheitsbewältigung« sprechen, die durch ein Scheitern der Entnazifizierung gekennzeichnet oder, in den Worten von Norbert Frei, letztlich eine »›Liquidation‹ der Entnazifizierung« war.[37] Waren die auf den Konferenzen von Jalta, Teheran und insbesondere Potsdam formulierten Absichten des Umgangs mit dem besiegten Deutschen Reich klar formuliert und mit dem Potsdamer Abkommen in einem völkerrechtlich bindenden Vertrag fixiert worden, erodierten diese Ziele in den ersten Nachkriegsjahrzehnten stark: Während noch exponierte Nazi-Größen vor Gericht gestellt und NS-Organisationen aufgelöst wurden, blieb die Entnazifizierung der deutschen Gesellschaft und die umfassende Zerstörung von Militarismus und Nazismus weitgehend eine allein gute Absicht.

Nach dem unter US-Initiative entwickelten Gesetz zur Befreiung von Nationalsozialismus und Militarismus vom 5. März 1946 und dem vorangegangenen Militärgesetz Nr. 8 vom September 1945 wurden Fragebogen mit 131 Fragen zur Einschätzung der Personen entwickelt,[38] ab 1946 kam es zu Spruchkammerverfahren mit dem Plan einer umfassenden Entnazifizierung, die in der Realität aber eine »umfassende Rehabilitierungsmaßnahme«[39] war: Waren im »automatischen Arrest« (vor den Spruchkammerverfahren) noch zirka 200.000 NS-AktivistInnen inhaftiert worden, war schon 1946/47 gut die Hälfte wieder entlassen; insgesamt wurden im ersten Jahr nach Kriegsende letztlich auch nur rund 150.000 Personen im öffentlichen Dienst und 70.000 Personen in Wirtschaft und Handel ihrer Ämtern enthoben. Lutz Niethammer spricht mit Blick auf die Spruchkammerverfahren, in der man die Kategorien »I.

36 Reichel 2007a: 107.

37 Frei 2012: 54.

38 Reichel 2007a: 30ff.

39 Ebd.: 32.

Hauptschuldige, II. Belastete, III. Minderbelastete, IV. Mitläufer, V. Entlastete« entwickelt hatte, von einer »Mitläuferfabrik«[40]: Allein für die amerikanische Besatzungszone wurden von den 13 Millionen erhobenen Fragebögen nur 1.600 Hauptschuldige und 22.000 Belastete eingestuft, die nach und nach mehrheitlich in untere Kategorien abgestuft wurden.[41] Lakonisch brachte diese Praxis der Künstler Klaus Staeck in einer Postkarte auf den Punkt, auf der Adolf Hitler bei einem ebensolchen (in diesem Fall: fiktiven) Spruchkammerbescheid als »Mitläufer« eingestuft wurde. In den drei westlichen Besatzungszonen galten insgesamt nur 0,7 Prozent als »Hauptschuldige« und »Belastete« (Kategorie I und II).[42]

Die juristische Befassung mit dem Nationalsozialismus und die damit verbundene Verfolgung der Haupttäter des NS-Regimes stieß auf breite Ablehnung in Politik und Gesellschaft.[43] Sie hatte ihren Auftakt in dem Nürnberger Prozess gegen die Hauptkriegsverbrecher wegen Verbrechen gegen die Menschheit (nicht, wie man in deutschen Übersetzungen gern abschwächt: gegen die Menschlichkeit) und fand ihre Fortsetzung in den in alleiniger Verantwortung der USA durchgeführten Nürnberger Folgeprozessen gegen Unternehmen (Flick, IG-Farben, Krupp), gegen Wehrmachtseinheiten/Generäle (Milch, Südost-Generäle, OKW), gegen SS-Führer (der Einsatzgruppen, des WVHA, des Rasse- und Siedlungsamtes) und jeweils einem Prozess gegen Ärzte, Justizbeamte und Diplomaten (Wilhelmstraßen-Prozess). Auf diese folgten die Auschwitz-Prozesse (1963–1965, 1965/66, 1967/68) sowie die Folgeprozesse seit den 1970er Jahren.[44] Eine zentrale »Lobby der Amnestiebewegung« (Reichel 2007a: 70) waren dabei die christli-

40 Niethammer 1982.

41 Vgl. Reichel 2007a: 33; siehe hierzu auch Eichmüller 2008.

42 Vgl. Fürstenau 1969: 227.

43 Vgl. Reichel 2007a: 42ff.

44 Vgl. ebd.

chen Kirchen: Die katholische Kirche beschloss schon 1948 eine Resolution gegen den noch laufenden Nürnberger Prozess, ein Jahr später erschien eine EKD-Denkschrift mit ähnlicher Intention und bereits im August 1945 rühmten katholische Bischöfe in einem Hirtenbrief die oppositionelle Haltung der Katholiken während des Nationalsozialismus, ohne dabei von der Shoah zu sprechen.[45]

Die noch vor Kriegsende und kurz danach formulierten Pläne bezüglich Restitutions- und Reparationsleistungen – der World Jewish Congress hatte Finanzmittel für den Aufbau einer jüdischen Heimstatt in Palästina gefordert, in der US-Administration konkurrierte die (sich letztlich durchsetzende) Auffassung des State Departments, Reparationen mit wirtschaftlichem Wideraufbau zu verbinden, mit deutlich skeptischeren Überlegungen des Finanzministers Morgenthau, der Reparationen aus vorhandenen Ressourcen finanzieren wollte – mündeten 1945 im Internationalen Reparationsabkommen.[46] Dieses Reparationsabkommen sollte vor allem für befreite KZ-Häftlinge gelten, aber auch für Verfolgte aus von Deutschland besetzten Ländern. Und sie mündeten überdies 1947 im Rückerstattungsgesetz für durch »Arisierung« geraubtes Vermögen, gegen das es massiven Widerstand in Deutschland gab, da man dessen Berechtigung und/oder Finanzvolumen infrage stellte.[47] Nimmt man sämtliche Zahlungen, die die Bundesrepublik Deutschland letztlich geleistet hat, zusammen, dann ergibt sich ein Gesamtvolumen von 75,578 Milliarden Euro (Stand: 2017) – was vor dem Hintergrund der Entschädigungszahlungen, die die Bundesrepublik für die Flüchtlinge und Vertriebenen aus den ehemaligen deutschen Ostgebieten (also diejenige Bevölkerungsgruppe, die maßgeblich die völkische Destabilisierungspolitik in Osteuropa betrieben hat) geleistet hat, geradezu grotesk gering

45 Vgl. ebd.

46 Vgl. ebd.: 73ff.

47 Vgl. ebd.

anmutet: denn das Lastenausgleichsgesetz (1952) hatte ein Leistungsvolumen von etwa 130 Milliarden Mark, umgerechnet also rund 67 Milliarden Euro, sein Hauptziel war die »Abgeltung von Schäden und Verlusten, die sich infolge der Vertreibungen und Zerstörungen der Kriegs- und Nachkriegszeit« (§ 1 LAG) ergeben haben.

In ihren großen Studien über den parlamentarischen Umgang mit der NS-Vergangenheit haben Helmut Dubiel und Shida Kiani gezeigt, wie weitreichend hierfür die Haltung des Deutschen Bundestages Grundlagen für die Abwehr der Erinnerung an die Shoah gebildet hat – und dass es sich dabei um einen fast parteiübergreifenden Konsens handelte.[48] Von wenigen Einzelfällen aus der SPD abgesehen, war es als Partei allein die KPD – die 1956 vom Bundesverfassungsgericht verboten wurde –, die hier eine Opposition zur »Stilisierung der Nation als Opfer«[49] gebildet hat: »Die Gegenwärtigkeit der NS-Vergangenheit war für die Deutschen seinerzeit offenbar nur in dem Maße erträglich, wie sie sich als ihre primären Opfer (miß-)deuteten.«[50]

Helmut Dubiel spricht für die 1950er Jahre und die prägenden Debatten im Deutschen Bundestag über den Nationalsozialismus von einer »Generation ohne Abschied«,[51] ausgezeichnet dadurch, die NS-Vergangenheit »fast hermetisch zu beschweigen«.[52] Kiani konkretisiert dieses Attest dadurch, dass es eben nicht ein generelles Schweigen zum Nationalsozialismus gegeben habe, sondern sehr viel präziser ein Schweigen zur deutschen Schuld und ein Bemühen, im Gegensatz dazu sehr laut einen deutschen Opfermythos herbeizuphantasieren, es war also etwas wie ein dröhnend lautes Schweigen:

48 Dubiel 1999; Kiani 2013.

49 Kiani 2013: 227.

50 Dubiel 1999: 41.

51 Ebd.: 35.

52 Ebd.: 14.

> »[Das] volksgemeinschaftlich aufgeladene Gemeinschaftsgefühl der NS-Zeit [wurde] in bestimmtem Maße in den nachnationalsozialistischen Vorstellungen von der deutschen Nation reproduziert [...]. [W]eiterhin besaßen viele von jenen, die vor 1945 als Teil der NS-Volksgemeinschaft gegolten (oder diese sogar maßgeblich definiert und realisiert) hatten, einen privilegierten Zugang zur nationalen Gemeinschaft, ersichtlich darin, dass ein Großteil von ihnen ihre Karriere in der Bundesrepublik fortsetzen konnte, während viele derer, die schon aus der Volksgemeinschaft ausgestoßen waren, nun erneut Ausschluss erfuhren.«[53]

Die parlamentarische Arbeit des Deutschen Bundestages war von Beginn an geprägt von dem »Streben nach Amnestie« und damit von einer auf das »sanktionsfreie ›Vergessen‹ von Straftaten gerichteten Gesetzgebung«,[54] bei der die Entnazifizierung möglichst rasch beendet werden sollte und das »Gesetz über die Gewährung von Straffreiheit« vom 31. Dezember 1949 geradezu symbolträchtig eines der ersten Gesetze war, die der Deutsche Bundestag überhaupt beschlossen hat, in dem eine Amnestie beschlossen wurde.[55] Bundeskanzler Konrad Adenauer fand in seinen Reden dabei »weder Worte für die ermordeten Juden noch für die Widerstandskämpfer«.[56]

Von der Annahme ausgehend, dass es sich »beim Großteil der Straffälligen ohnehin um unschuldige bzw. ›durch die Not der Zeit schuldig‹ gewordene Personen und nur bei wenigen um ›echte‹ Verbrecher handele«, konnten die Täter als »nicht wirklich Schuldige« unmittelbar in das »insgesamt als unschuldig vorgestellte Kollektiv zurück-

53 Kiani 2013: 277.

54 Ebd. 2013: 211.

55 BGBl. 1949: 37f.

56 Kiani 2013: 213.

kehren«.[57] Bemerkenswert an dieser Rechtsauffassung ist, dass sie mehr oder weniger nahtlos das NS-Rechtsverständnis reproduzierte, nach dem nicht die Tat, sondern der/die TäterIn im Fokus stand: denn es war das nationalsozialistische Strafrecht, das den Täter in den Mittelpunkt rückte und identische Taten abhängig von der Frage der Täterschaft unterschiedlich sanktionierte – während ein Nazi-Funktionär für einen Mord belobigt und ausgezeichnet wurde, wurde eine Widerstandskämpferin für einen Mord inhaftiert und zumeist selbst ermordet.[58] Exakt diesen Fokus, den/die TäterIn für die Frage der Strafverfolgung ins Zentrum zu rücken und gleiche Taten ungleich zu ahnden (oder eben in diesem Fall: nicht zu ahnden), übernahm der Deutsche Bundestag und reproduzierte damit bei der Entlastung und Entschuldung der NS-TäterInnen exakt das NS-Strafrechtsverständnis:

> »Profitieren vom Schlussstrich sollten somit auch jene, die Verbrechen begangen hatten, jedoch über das Konstrukt der ihnen attestierten fehlenden ›verbrecherischen Neigungen‹ wiederum zu ganz ›normalen‹, sprich vermeintlich schuldlosen Deutschen erklärt wurden.«[59]

Die Politik des Deutschen Bundestages, NS-TäterInnen zu entlasten, erstreckte sich darüber hinaus auch auf Versorgungsregelungen für Angehörige des öffentlichen Dienstes, die nach dem 8. Mai 1945 ausgeschieden sind (Art. 131 GG) – und damit der »Rehabilitierung und Versorgung der ›131er‹«.[60] Zugleich arbeiteten die Entnazifizierungsdebatten im Deutschen Bundestag umfangreich mit dem halluzinierten Vorwurf, die Alliierten würden den Deutschen

57 Ebd.: 217.

58 Vgl. Hartl 2000.

59 Kiani 2013: 215.

60 Frei 2012: 69.

eine Kollektivschuld unterstellen – was historisch gelogen ist[61] und zum zentralen Fundament der »kollektiven Schuldabwehr« in der Bundesrepublik wurde.[62] Damit war für den Deutschen Bundestag die »Abwehr der Kollektivschuldthese« und die »Selbststilisierung der Deutschen als der eigentlichen Opfer der NS-Diktatur« konstitutiv.[63] Deshalb spricht Dubiel auch von einem »eigentümlichen Konsens«, nach dem die bundesdeutsche Demokratie »nur auf den Weg käme, wenn ihre Bürger aus der Haftung für die monströsen Verbrechen der NS-Zeit befreit würden«.[64] Damit ging es bis Ende der 1960er Jahre im Deutschen Bundestag um eine erinnerungspolitische Abwehr von zwei sich ergänzenden Motiven: um die Abwehr der »spezifischen moralischen Schuld zahlloser einzelner Deutscher« wie um die Abwehr der »politischen Haftung der Deutschen als Kollektiv«[65] – und, so muss ergänzt werden: nicht nur die Abwehr der persönlichen moralischen, sondern politischen und ggf. juristischen Schuld.

Wie weitreichend die erinnerungspolitische Abwehr ging und selbst zaghafte Versuche einer erinnerungspolitischen Wende während der sozial-liberalen Koalition weitgehend auf eine linke politische und kulturelle Elite beschränkt blieben, zeigte vor allem die Ära Kohl: CDU-Bundeskanzler Helmut Kohl leitete mit seinem erinnerungspolitischen Paradigmenwechsel in den 1980er Jahren auch eine neue Phase der Abwehr der Erinnerung an die Shoah ein. Denn Kohls offensives Bekenntnis zur Geschichte mit dem Ziel einer »historischen Sinngebung seiner Politik«[66] war zwar ein Bekenntnis zur Unentrinnbarkeit der Vergangenheit, die Kohl allerdings in biologis-

61 Vgl. Benz 1994: 117ff.; Frei 2009: 145ff.
62 Kiani 2013: 232.
63 Dubiel 1999: 70f.
64 Ebd.: 68.
65 Ebd.: 126; siehe hierzu auch Leemhuis 2020.
66 Dubiel 1999: 187.

tisch-völkischem Duktus mit dem »Blut der Familie« und den »Erbanlagen in sich« verglich, die man nicht loswerde.[67] Sein Ansatz entsprach genau dem, den heute Alexander Gauland von der rechtsextremen AfD verfolgt: Kohl betrieb eine »kompensatorische Aufzählung deutscher kulturgeschichtlicher ›Leistungen‹« mit dem Ziel einer Relativierung der Relevanz des Nationalsozialismus,[68] kulminierend in der Idee einer »Gnade der späten Geburt«,[69] einem Bekenntnis ohne Inhalt, einer funktionalen Entsorgung der NS-Vergangenheit. In die Ära Kohl fällt auch die Rede des Bundestagspräsidenten Philipp Jenninger (CDU) zum 50. Jahrestag der Reichspogromnacht 1988, in der dieser noch weit über die deutsche Opferstilisierung und Erinnerungsabwehr hinausging, wenn er rhetorisch fragte: »War er [Hitler] nicht wirklich von der Vorsehung ausgewählt, ein Führer, wie er einem Volk nur einmal in tausend Jahren geschenkt wird?«[70] Und mit Blick auf die Judenpolitik des Nationalsozialismus: »Hatten sie es nicht vielleicht sogar verdient, in ihre Schranken gewiesen zu werden?«[71] Bei Jenninger brach dabei durch, was sich auch auf der Einstellungsebene der westdeutschen Bevölkerung gezeigt hatte: In der ersten umfangreichen empirisch-quantitativen Rechtsextremismus-Studie des SINUS-Instituts vom Anfang der 1980er Jahre waren fünf Millionen Westdeutsche der Auffassung, dass »wir wieder einen Führer haben sollten«, wobei die Studie zeigte, dass mindestens 13 Prozent der Westdeutschen über ein geschlossen rechtsextremes Weltbild verfügten.[72]

So konnten sich auch die Deutschen als eine »derart in ihren Wahnzielen bloßgestellte, der grausamsten Verbre-

67 Kohl 1984, zit. n. ebd.: 183.

68 Ebd.: 189.

69 Ebd.: 200.

70 Jenninger 1988: 17.

71 Ebd.: 17f.

72 Vgl. SINUS 1981.

chen überführten Population« in den ersten Nachkriegsjahrzehnten um nichts anderes kümmern »als um sich selbst«, wie Alexander und Margarete Mitscherlich es in *Die Unfähigkeit zu trauern* so treffend formuliert haben.[73] Die Tatsache, einer Lehre gefolgt zu sein, die den Deutschen besondere Privilegien in der Welt versprach, und die Tatsache, dass man während des Nationalsozialismus seine eigenen Aggressionen auf Mitmenschen projiziert hatte, die im Akt der Projektion in Untermenschen verwandelt worden waren, führte bei der überwältigenden Mehrheit der Deutschen nicht etwa zu Scham, sondern provozierte die kindliche Ausrede, man sei »nur« dem Führer gefolgt.[74] Das erklärt, wie die Mitscherlichs betonen, die

> »Neigung vieler Deutscher, nach dem Kriegsende die Rolle des unschuldigen Opfers einzunehmen. Jeder einzelne erlebt die Enttäuschung *seiner* Wünsche nach Schutz und Führung; er ist mißleitet, verführt, im Stich gelassen und schließlich vertrieben und verachtet worden, und dabei war er doch nur folgsam, wie die erste Bürgerpflicht es befahl.«[75]

Betrauert wird von den Deutschen insofern der »psychische Verlust ihres kollektiven Narzissmus und ihrer völkischen Identifizierung«.[76] Diese infantile Haltung »vergisst« nicht nur die historischen Fakten, sondern sie dreht das Opfer-Täter-Verhältnis zu den eigenen Gunsten um, da zwar ein Akt der Zerstörung und Vernichtung bedauert wird – jedoch der an der eigenen Substanz und der der eigenen Wünsche. Die zu attestierende Schuldabwehr und Vergangenheitsverleugnung ging somit stets einher mit

73 Mitscherlich/Mitscherlich 1980: 35.

74 Vgl. ebd.

75 Ebd.: 53f.; Herv. i. Orig.

76 Lohl 2017: 242.

einer geradezu rituellen Kultivierung der Phantasie von der eigenen Unschuld und des Traums vom eigenen Opferstatus.

Grundfeste des politischen und juristischen (Nicht-) Umgangs mit dem nationalsozialistischen Antisemitismus und der Shoah war dabei die weltanschauliche Eliminierung des Antinazismus durch den Antitotalitarismus in den ersten Jahrzehnten der bundesdeutschen Geschichte. Dabei wurde der Nationalsozialismus doppelt relativiert: Einerseits, weil auf diese Weise nicht-totalitäre Diktaturen als solche etikettiert werden und dadurch der weltanschaulich in der antisemitischen Idee der Volksgemeinschaft gebundene Kern des Nationalsozialismus aufgeweicht wird. Andererseits und zugleich aber, weil durch den Vergleich mit autoritären Regimen wie z. B. der DDR der zustimmungsdiktatorische Charakter des Nationalsozialismus vernebelt wird, in dem die überwältigende Mehrheit der Deutschen aktiv an der Vernichtungspolitik teilhatte oder mindestens wissend von ihr profitiert hat. So wird im Modus der in der Ära Kohl dann massiv verstärkten totalitarismustheoretischen Orientierung der deutschen Erinnerungspolitik der deutsche Opfermythos zugleich verdoppelt: als halluzinierte Opfer des Nationalsozialismus und seiner Folgen (Vertreibung, Bombenkrieg), aber auch, indem die vergleichsweise triviale Realität der SED-Diktatur, die weder auf totale Eliminierung privater Freiheit noch auf antisemitische Vernichtung zielte, in der Gleichsetzung mit dem Nationalsozialismus diesen zu einer Bagatelle der Geschichte nivelliert. In dieser Perspektive seien dann irgendwie alle Opfer eines autoritären Systems geworden – wie in der Stasiüberwachung der DDR, bei deren Vergleich mit dem NS-System ausgeblendet wird, dass der Repressionsapparat des NS-Regimes weniger effektiv war, als es die Bevölkerung wollte, wie die Studien von Saul K. Padover und Robert Gellately gezeigt haben.[77] Denn die Gestapo

77 Padover 1999; Gellately 2001.

kam nicht so schnell hinterher mit ihrer Verfolgung, wie die Deutschen denunziert hatten, also folgte die Masse der Deutschen nicht nur dem NS-Regime bereitwilligt, sondern hatte seine weltanschaulichen Kernelemente: völkische Volksgemeinschaft und antisemitische Vernichtungspolitik, zustimmend internalisiert. So gilt, in einer barbarischen Weise, was Jenninger sagte: Die antisemitische Volksgemeinschaft, die, wie Kiani und Dubiel gezeigt haben, nach 1945 ungebrochen fortlebte, die in Hitler symbolisiert wurde, entsprach tatsächlich dem Anliegen der Mehrheit der Deutschen. Nur dass sie nach 1945 nicht mehr bereit war, Verantwortung für ihr Denken und Handeln während des Nationalsozialismus zu übernehmen, sondern, wie Mitscherlich/Mitscherlich gesagt haben, infantil regredierte, ihre Verantwortung projizierte und so ihren Wahn der antisemitischen Volksgemeinschaft weiter pflegen konnte – indem nach und nach fast alle TäterInnen aus ihrer juristischen und mehr noch moralischen Verantwortung entlassen wurden, indem der Nationalsozialismus zu einer beliebigen Diktatur verharmlost wurde und indem man nun, da man ihn seit den 1990er Jahren mit der DDR gleichsetzte, eben gerade eine entscheidende Wendung in der Opferselbststilisierung entwickelte. Denn wäre die DDR wie der Nationalsozialismus gewesen, dann hieße das umgekehrt in drastisch fatalerer Weise eines geschichtsrevisionistischen Superlativs, der Nationalsozialismus wäre wie die DDR gewesen. Auf diese Weise wird gleichermaßen elegant wie perfide die Vernichtungspolitik zum Verschwinden gebracht und zugleich, da die DDR mit ihrem Stasi-System tatsächlich ihre Bevölkerung bespitzelt und überwacht hat, oftmals gegen deren Willen, noch eine historisch-analogisierende Gleichsetzung vollzogen, bei der der DDR-NS-Vergleich eine komplett andere Funktion erfüllt: Es geht im Kern nicht um die Herausarbeitung des Unrechtscharakters mit Blick auf die DDR, sondern die Verharmlosung des NS-Regimes und die Stilisierung der

Deutschen zu überwachten und kontrollierten Opfern (und eben nicht ihr Begreifen als überwachende und kontrollierende TäterInnen). Wäre der Nationalsozialismus so gewesen wie die DDR, wie in der kollektiv-halluzinierten Phantasie unterstellt, dann bestünde die *höchst individuelle und persönliche Verantwortung und Schuld jedes einzelnen Deutschen* eben nicht einfach in der passiven Zugehörigkeit zur deutschen Nation. Es war aber im Gegenteil so, dass die wissentliche, bewusste und aktive Zustimmung zu Antisemitismus und Volksgemeinschaftsideologie und der Teufelspakt von Führung und Bevölkerung im Nationalsozialismus nicht nur moralische Verantwortung bedeutet, sondern für jede/n einzelnen die selbst auf sich geladene Schuld. Und diese wird zugleich verschoben und projiziert, da man sie nicht mit Zahlungen als »Entschädigung« wieder abgelten kann, zumal wenn zugleich die zum Sinnbild des deutschen Mythos einer kollektiven Unschuld stilisierten »Vertriebenen« in ähnlicher Höhe »entschädigt« werden, man also strukturelle Teile der NS-Eroberungs- und Vernichtungspolitik – denn ohne diese hätte es niemals eines Ausweisung der deutschen Bevölkerung aus Osteuropa auf völkerrechtlicher Grundlage durch das Potsdamer Abkommen gegeben – moralisch und finanziell entlastet.

Insofern muss auch betont werden, dass die gern herbeigeredete *bundesdeutsche Erfolgsgeschichte* erinnerungspolitisch letztlich eine freie Erfindung ist. Fakt ist vielmehr, dass dem stets halluzinierten Vorwurf einer deutschen Kollektivschuld, den es tatsächlich von alliierter und assoziierter Seite als politische Handlungsmaxime nicht gegeben hat,[78] mit einer Geschichtsinterpretation begegnet wurde, die die Schaffung eines Mythos deutscher Kollektivunschuld betrieben hat. Und dieser basierte auf einer umfangreichen Verweigerung der Erinnerung an die Shoah und die ermordeten Jüdinnen und Juden.

78 Vgl. Benz 1994: 117ff.; Frei 2009: 145ff.

3

Kultur und Alltagskultur: die Shoah in Film und Literatur

Die politische Dimension tangiert die gesellschaftliche Dimension der Erinnerung, die aber im Sinne der politischen Kulturforschung nur als eine von zwei Facetten verstanden werden kann, will man die Dialektik der erinnerungspolitischen Abwehr der Shoah in der politischen Kultur der deutschen Geschichte verstehen. Das Ziel politischer Kulturforschung ist es, Erkenntnisse über das Verhältnis zwischen politischen Institutionen und Gesellschaft zu gewinnen und die subjektive Dimension des Politischen als »intervenierende Variable«[79] zwischen individuellen Orientierungen und sozial-strukturellen Kontexten zu ergründen. Die politische Kultur ist somit der *connecting link* zwischen Mikro- und Makropolitik.[80] In Anlehnung an und Erweiterung von Anton Pelinka,[81] Martin und Sylvia Greiffen-

79 Waschkuhn 2002: 161.

80 Almond/Verba 1965: 30.

81 Pelinka 2006.

hagen[82] und Karl Rohe[83] wird politische Kultur hier verstanden als das Ensemble der für eine Gesellschaft oder ein gesellschaftliches Teilsegment in Relation zur »systematisierten Form von Herrschaft«[84] relevanten emotionalen und kognitiven Haltungen und der daraus resultierenden Formen stabilisierten Verhaltens, die sich jeweils im Spannungsfeld von politischer Norm und gesellschaftlicher Wirklichkeit bewegen. Insofern wurzelt politische Kultur, wie Lucian W. Pye betont hat, »gleichermaßen in öffentlichen Ereignissen und privaten Erfahrungen«.[85] Unter Aufgreifung der Systematisierung von Dirk Berg-Schlosser[86] kommt insofern der Analyse kultureller Indikatoren als makrokonzeptionellem Rahmen eine zentrale Rolle zu, zumal wenn sie mit dem Blick auf in den kulturellen Indikatoren geronnen semiologischen Dimensionen politischer Ritualisierung und Symbolisierung verknüpft wird, in der die Analyse von soziokulturellen Handlungsstrukturen und damit symbolischer Interaktion eingelassen ist. Die subjektive Dimension der Erinnerungspolitik besteht insofern vor allem in ihrer kulturellen Produktion und Reproduktion, wie auch der Frage nach ihren Repräsentationslogiken, die sich – mit Blick auf die intellektuellen Segmente der politischen Kultur – in Dimensionen von Kunst und Literatur, aber eben auch, alltagskulturell substituiert, in Kino- und Fernsehfilmen als »Gedächtnistheater«[87] artikulieren.

Die alltagskulturelle Grundstimmung in der frühen Bundesrepublik wurde maßgeblich geprägt durch das Genre des Heimatfilms, der vordergründig oftmals keinen direkten NS-Bezug hatte, aber emotional einerseits an die

82 Greiffenhagen/Greiffenhagen 1997.

83 Rohe 1990, 1996.

84 Pelinka 2006: 225.

85 Zit. n. Berg-Schlosser 2003: 7.

86 Berg-Schlosser 1972: 63ff., 1994: 349ff.

87 Bodemann 1996.

völkische Heimatromantik des Nationalsozialismus erinnerte, andererseits aufgrund seines dominierenden Sujets eine Mischung aus idealisierter Idylle, in der der deutsche Judenmord nicht vorkam und so unsichtbar gemacht wurde, und verklärtem Opferschmerz zur kollektiven Identifizierung anbot, in dem Gefühle von Heimweh und der Verklärung eines geografischen Ortes als »Heimat« an den Gefühlshaushalt besonders der Flüchtlinge und Vertriebenen appellierte. Denn der Begriff »Heimat« hebt als spezifische Sozialkategorie diese von anderen in ihrer historischen Bedeutungsdimension genuin ab und beinhaltet stets eine integrative Verbindung von geografischem Ort und bevölkerungspolitischer Zuschreibung. Insofern umfasst der Heimatbegriff eine strukturell völkische Dimension, da Menschen eine nicht-soziale und damit vorpolitische Verbindung mit einem konkreten Raum zugeschrieben wird, der zugleich nicht das subjektive Zugehörigkeitsgefühl betont, sondern eine kollektive Bindung von Menschengruppen an geografische Orte unterstellt. Im Heimatbegriff wird ein »natürlicher« Zustand der Verknüpfung einer bestimmten Menschengruppe und ihrer »besonderen« Kultur mit einem fest definierten geografischen Raum unterstellt, bei dem es nicht um eine individuelles Identitätsangebot (dessen zentraler Kern wie bei jedem Angebot darin besteht, dass man es auch ablehnen kann), sondern einen kollektiven Identitätszwang geht.

Die Heimatfilme der 1950er/60er Jahre fungierten objektiv als NS-Relativierung: zum einen, weil sie mit dem Heimatidyll arbeiteten, das nicht nur ästhetisch ungebrochen dem des Nationalsozialismus entspricht, sondern auch die »Blut und Boden«-Ideologie, für die das Konzept Heimat zentral ist, transformiert und nur mühsam kaschiert weiterspinnt; zum anderen, weil die Shoah in ihnen zum Nicht-Ort deklariert wurde, ihre Allgegenwärtigkeit im deutschen Alltag kompensiert wurde durch ihr systematisches Beschweigen mit dem Ziel einer apolitischen

Idylle, die sich dem Geist der Vernichtung entzieht, der die Deutschen noch bis 1945 integral im Glauben an die völkisch-antisemitische »Volksgemeinschaft« verbunden hatte.[88] Im ländlichen Idyll der Heimatfilme wurden in prüde-sexistischer Weise der Stammtisch und das Wirtshaus glorifiziert, soziale Beziehungen individualisiert und damit scheinbar der Sphäre des Politischen entzogen, zugleich aber in der Verklärung der gegenaufklärerischen Dörflichkeit und der oft als exotisiert gezeichneten und abgelehnten »Stadtmenschen« nicht nur einer Glorifizierung der »Idiotie des Landlebens«[89] das Wort geredet, sondern in der damit verbundene Inwendigkeit und Ausweglosigkeit in Szenarien von dunklen Wäldern und Berglandschaften der Topos einer Schicksalshaftigkeit inszeniert, der man nicht entrinnen könne. Auf einer subtextuellen Metaebene schien damit auch die Lüge einer kollektiven Unschuld der Deutschen auf, die auf der gesellschaftlichen Ebene als ohnmächtig und nur in ihrem sozialen Nahraum (dem sie weder entrinnen wollen noch können) als handlungsfähig geschildert werden: Politik kommt von außen, wird externalisiert und das Glück findet sich nur in der Abwendung von der Zivilisation ins romantisierte Idyll der dörflichen Repressionsgemeinschaft. Auf einer unbewussten Ebene haben die Heimatfilme der 1950er/60er Jahre damit mehr über die NS-Abwehr ausgesagt, als sie wollten: Denn die Shoah fand eben auch und gerade in den kleinräumigen Sozialstrukturen statt, die Menschen haben Verfolgung, »Arisierung« und Deportation bei ihren Nachbarn erlebt, wenn sie nicht sogar aktiven Anteil daran hatten, und das System der Konzentrationslager war flächendeckend über das Reichsgebiet verteilt, in unzähligen Kleinstädten fanden sich KZ-Außenlager. Bietet der Heimatfilm der 1950er/60er Jahre auf der kommunizierten Sinnebene die Flucht vor der Erinnerung und die Selbststilisierung als

88 Vgl. Wildt 2019.

89 Adorno 1951: 29.

Opfer, erzählt er auf der latenten Ebene die Wahrheit über die deutsche Gesellschaft, in der eben beides exakt zusammenfiel: die Sehnsucht nach Ordnung und die Sehnsucht nach Vernichtung.

Denn das Bekenntnis zur »Ordnung der Dinge« und zu »Tod und Zerstörung« sind nur scheinbar widersprüchliche Elemente, wie Saul Friedländer herausgearbeitet hat.[90] In der »Ästhetik des Kitsches« scheint eine innigliche Verbindung von »Visionen der Harmonie« und dem »Wetterleuchten der Apokalypse« auf, in der die »gehorsame Masse« in ihrer »Suche nach Harmonie und der Sentimentalität« glücklich aufgeschlossen ist, in der die »ruhige Kraft moralischer Werte« beschworen wird und zugleich »das flackernde Licht der Vernichtungsfeuer« aufleuchtet.[91] Allein letztere sind in den Heimatfilmen der frühen Bundesrepublik zum Nicht-Ort des Ungesagten und Verschwiegenen geworden, als dialektisches Moment der Heimatverliebtheit, das nun ins Unbewusste abgedrängt wird und, da seine Kehrseite filmisch präsent bleibt, ebenfalls omnipräsent ist, aber verdrängt gehalten wird.

Neben dieser Form der Erinnerungsabwehr durch idyllische Verklärung und identitätspolitische Heimatstilisierung war die Selbstinszenierung als Opfer in filmischen Darstellungen der 1950er/60er Jahre dominierend, etwa in *Des Teufels General* (1955), im *Arzt von Stalingrad* (1958), in *Hunde, wollt ihr ewig leben* (1959) oder *Die Brücke* (1959). Die inszenierten Opfermotive waren vielfältig: Als wiederkehrender Topos lässt sich die »Dämonisierung und Entpolitisierung des NS-Regimes« erkennen.[92] So wird etwa in *Des Teufels General* eine feinsäuberliche filmische Trennung von als moralisch böse erscheinenden und unsympathischen NS-Funktionären und einem »anständigen, menschlich sympathischen und schließlich heroisch-tragisch

90 Friedländer 2007.

91 Ebd.: 130.

92 Reichel 2007b: 54.

endenden Fliegergeneral«[93] gezeichnet, die den Mythos der vom NS-Regime zu trennenden Wehrmacht ebenso grundierte wie den zentralen deutschen Widerstandsmythos um Stauffenberg und das Attentat vom 20. Juli 1944. Der Kult um Stauffenberg blendete und blendet nur allzu gern aus, dass das zentrale Motiv der Wehrmachtsgeneräle die Angst vor einem drohenden Kriegsverlust und einer Abtretung »deutscher« Gebiete war; so auch letztlich in *Des Teufels General*, in dem der Protagonist erkennt, dass der Krieg verloren gehen würde, deshalb Sabotageakte an Wehrmachtsflugzeugen deckt und sich dann mit einem der sabotierten Flugzeuge selbst in den Tod stürzt, um »ehrenhaft« zu bleiben.[94] Der deutsche Massenmord an den Juden wird dabei letztlich noch verhöhnt, da die Skepsis gegenüber dem Regime sich darin gründet, dass der Protagonist mitbekommt, wie Juden in den »Selbstmord« getrieben würden.[95]

Eine andere Variante des Geschichtsrevisionismus zeigte der Film *Arzt von Stalingrad* (basierend auf einem Roman des ebenso erfolgreichen wie NS-affinen Autors Heinz G. Konsalik), der entgegen dem Titel eigentlich überhaupt direkt nicht vom NS-Vernichtungskrieg handelt, sondern von einem Lazarett am Ende des Zweiten Weltkrieges. Auch hier werden die Wehrmachtseliten als humanitär, aufopferungsvoll und »menschlich überlegen agierend«[96] skizziert, diesmal in Form eines Stabsarztes – worin die Phantasie eines »menschlichen« Nazis aufscheint, die nicht weit entfernt ist vom Bild eines menschlich-charmanten Genickschusskommandos; genau diese perfide Tendenz im deutschen Film wird in den 1990er Jahren *Das Leben ist schön* karikieren: die Deutschen, die sich in ihren Filmen die Nazi-Täter zu menschlich-liebenswerten Gestal-

93 Ebd.

94 Vgl. ebd.: 54ff.

95 Vgl. ebd.

96 Ebd.: 88.

ten entstellen, um sich mit ihnen identifizieren zu können – also mit sich selbst und damit mit dem deutschen Massenmord an den europäischen Juden. Im *Arzt von Stalingrad* erscheinen dann folgerichtig deutsche Wehrmachtssoldaten als Opfer und das Sujet kreist um eine deutsch-sowjetische Liebe, eine inszenierte und halluzinierte Versöhnung mit dem sowjetischen Feind zulasten der Juden, eine Romanze auf den Gräberfeldern der Vernichtung. Exakt damit zeichnen Filme wie der *Arzt von Stalingrad* unbewusst ein Bild von der Wahrheit der deutschen Erinnerung: Der Massenmord wird zwar verschwiegen und damit auf der bewussten Ebene externalisiert, auf der unbewussten Ebene stellt die Phantasie einer erotischen Romanze in unmittelbaren Kontext des Massenmordes die ganze Perfidität deutschen Denkens dar, eine tiefe deutsche Lustbefriedigung, die in der antisemitischen Vernichtung besteht: Juden zu hassen und zu verfolgen, weil es destruktive Lust verschafft.

Ein wiederum neues Kapitel der deutschen Selbstbemitleidung schlägt *Die Brücke* auf.[97] Der Film erzählt von einer Abwehrschlacht am Ende des Zweiten Weltkriegs, die von sieben Schüler-Soldaten geführt wird, die gleichermaßen als Täter wie Opfer erscheinen.[98] Sie kämpfen in aussichtsloser Lage gegen die US-Army, sechs von ihnen sterben, der letzte erkennt die Sinnlosigkeit (allerdings nur ihres eigenen Todes), »während aus allen Fenstern weiße Fahnen und Tücher herausgehängt werden«.[99] Der deutsche Massenmord an den Juden wird hierbei – freilich abermals nicht aktiv filmisch thematisiert – quasi infantilisiert, die Protagonisten werden zur Metapher für das deutsche Volk, das ja nichts gewusst habe, sinnlos gestorben sei, aber eben nur um sich selbst trauert und am Ende mit dem Symbol der weißen Fahne den Mythos der eigenen Unschuld zelebriert. Das Volk der Massenmörder phanta-

97 Vgl. Reichel 2007b: 119ff.

98 Vgl. ebd.

99 Reichel 2007b: 120.

siert sich zum kleinen, unwissenden, schutzlosen und bemitleidenswerten Kind, das nur noch jämmerliches Mitleid mit sich selbst hat und keinerlei Empathie für die tatsächlichen Opfer aufbringen kann.

Fast ausnahmslos in der deutschen Geschichte kommen die Impulse, sich mit der NS-Vergangenheit zu befassen und die Shoah nicht einfach zu ignorieren, nicht aus Deutschland. Die Erinnerungsgemeinschaft der Verdrängung scheint so allumfassend, dass sie wie ein Alb der Volksgemeinschaft das Ende des NS-Regimes jahrzehntelang überdauert. Bei allen Differenzen politischer Art bleibt ein Konsens bestehen: einig zu sein darin, dass man die Erinnerung an die deutsche Täterschaft, die fast jede einzelne Familie umfasst, abwehrt, verleugnet, verdrängt, projiziert und in einen Nebel der Unkenntlichkeit verstellt, in dem am Ende nur ein Mythos deutscher Kollektivunschuld bleibt. Diesem Mythos haben vor allem zwei amerikanische und eine italienische Produktion erheblich widersprochen. Ungeachtet dessen, dass auch diese drei Filmproduktionen intensiv diskutiert wurden, haben sie trotzdem eines nicht getan: dafür gesorgt, dass die Deutschen ihren Frieden mit ihrer NS-Vergangenheit machen konnten.

Die umfangreichste mediale Vorbesprechung, auch international,[100] wurde dem TV-Vierteiler *Holocaust* zuteil, der 1978 erstmals in den USA ausgestrahlt wurde. Dessen Senderechte in Deutschland erwarb der WDR, wobei der Bayrische Rundfunk die Serie nicht senden wollte und Südfunk, Südwestfunk und Saarländischer Rundfunk sich zurückhaltend zeigten, weshalb die Serie auch nicht in der ARD lief. Stattdessen wurde sie ab Anfang 1979 mit Sendeterminen nach 21 Uhr in den dritten Programmen ausgestrahlt.[101] Der Vierteiler richtete, gestützt auf zwei Erzähler (einen jüdischen Arzt und einen SS-Offizier), deren erfundene Familiengeschichten miteinander verbunden wurden,

100 Vgl. ebd.: 251, 254.

101 Vgl. ebd.

seine Perspektive auf die NS-Opfer. 20 Millionen der Westdeutschen über 14 Jahre (was etwa 48 Prozent entsprach) gaben an, mindestens eine der Folgen gesehen zu haben,[102] über 80 Prozent erklärten, mit anderen über die Serie gesprochen zu haben, 10 Prozent hielten die Serie in Gänze oder teilweise für unglaubwürdig und sahen eine »Verunglimpfung der Deutschen«.[103] Im Vorfeld der Ausstrahlung war es zu Anschlägen auf Übertragungseinrichtungen in Koblenz und Münster gekommen, die Resonanz in den TV-Redaktionen war überwältigend, vielfach wurde von Erschütterung und Scham berichtet, aber auch Unkenntnis und Hilflosigkeit über den Vierteiler, der zwischen »Entertainment and Provocation«[104] angesiedelt war, waren Teil der Resonanz.[105] Es sei dahingestellt, inwiefern die formulierte Unkenntnis wirklich Unwissen und nicht vielmehr Verdrängung war. Gleichwohl wurde mit der amerikanischen Produktion erstmals einem breiten bundesdeutschen Publikum der filmische Spiegel seiner eigenen Geschichte der antisemitischen Vernichtung vorgehalten, der trotz aller Abwehr der TV-Sendeanstalten und des schlechten Ausstrahlungstermins die Shoah ins öffentliche Bewusstsein zwang.[106]

Damit vollzog sich historiografisch ein temporärer Bruch in der politisch-kulturellen Visualisierung der Shoah, der insbesondere durch die Kinofilme *Schindlers Liste* (1993) und *Das Leben ist schön* (1997) mit einer langen Latenzzeit fortgesetzt, aber dann mit den 2000er Jahren wieder rückgängig gemacht. *Schindlers Liste* erzählt entlang der Biografie von Oskar Schindler die Einzelgeschichte der Rettung von 1.098 Jüdinnen und Juden aus dem Krakauer Ghetto bzw. Zwangsarbeitslager Płaszów durch einen Geschäftsmann mit guten NS-Kontakten, der von moralischen Grund-

102 Vgl. Diem 2019: 53.

103 Vgl. Reichel 2007b: 252.

104 Zielinski 1996: 258.

105 Vgl. Reichel 2007b: 252.

106 Vgl. Diem 2019.

sätzen geleitet zum Retter von Juden wird und damit mit dem Mythos brach, man habe nichts gewusst oder nichts gegen die Massenvernichtung tun können. *Das Leben ist schön* nimmt eine dezidiert jüdische Perspektive ein, wobei Humor zur Waffe im Überlebenskampf wird, indem der jüdische Protagonist, der kurz vor Ende des Films im KZ ermordet wird, seinem Sohn eine tragikomische Rolle vorspielt, damit dieser die Barbarei des NS-Regimes und des Konzentrationslagers als Kind nicht vollends ertragen muss, und insofern die antisemitische Barbarei nicht verfälscht, sondern den verzweifelten und letztlich hilflosen Versuch zeigt, diese vor den kindlichen Augen temporär zu verbergen.

Dieses filmische Intermezzo in der bundesdeutschen Geschichte wird aber ab den 2000er Jahren massiv konterkariert, etwa durch die Spielfilme und TV-Serien *Die Gustloff, Der Untergang, Unsere Mütter, unsere Väter, Die große Flucht* oder *Die Vertriebenen. Hitlers letzte Opfer*, durch die, wie man mit Tobias Ebbrecht sagen kann, frühere filmische Entwicklungen wieder »überschrieben und von den zeitgenössischen filmischen Geschichtsfiktionen abgelöst« werden,[107] wobei die historische Differenz zwischen Tätern und Opfern eingeebnet wird und durch »›blinde‹, unterschiedslose Geschichtsbilder« ersetzt wird, die auf »medial tradierte oder familiär und national geprägte Geschichtsdeutungen zurückgreifen«.[108] Die öffentliche Präsenz der NS-Vergangenheit hat insofern in Deutschland seit einigen Jahren Konjunktur, aber eben in einer erneut transformierten Weise, bei der an die frühen Traditionen vor der Serie *Holocaust* angeschlossen wird, wobei die Intensivierung visueller Elemente maßgeblich durch verschiedene Kino-Filme (wie etwa *Die Gustloff* oder *Der Untergang*) oder die zahlreichen populären Fernsehreihen unter Federführung von Guido Knopp geprägt ist:[109]

107 Ebbrecht 2011: 314.

108 Ebd.: 316.

109 Vgl. Wiegel 2004: 82ff.

> »Zusammengefasst steht die Entwicklung von *Holocaust* zum *Untergang* damit für eine dreifache Transformation: Für den Übergang von längeren historischen Linien hin zu verdichteten Entscheidungssituationen; für den Perspektivwechsel von jüdischen Familienschicksalen hin zur Bewährung von deutschen Großstadtbewohnern; und für die Abwendung von fiktiven Geschichten mit moralischen Leitideen hin zum Anspruch, ›wahre‹ Geschichte in Form eines Spielfilmes abzubilden, ohne den Anschein von pädagogischen Zwecken zu erwecken.«[110]

In der sozialwissenschaftlichen Debatte hat sich seit einiger Zeit die These durchgesetzt, dass diese intensive mediale Präsenz des Nationalsozialismus aber eben gerade nicht zu verwechseln ist mit einer substanziellen Aufarbeitung der NS-Vergangenheit,[111] sondern das gegenwärtige »Plappern über ›damals‹« – wie Klaus Kreimeier es auf den Begriff gebracht hat[112] – vielmehr auf einen geschichtspolitischen Wandel im Sinne einer Reaktivierung des deutschen Opfermythos und einer Täter-Opfer-Relativierung in der deutschen Gedenkkultur hinweist. Die deutsche Erinnerungskultur ist dabei von der Gleichzeitigkeit einer hoch spezialisierten, zu immer detaillierter und präziser werdenden Erkenntnissen über die NS-Vergangenheit gelangenden, über weite Strecken exzellenten (geschichts-)wissenschaftlichen Forschung sowie politischer Bildungsarbeit in Gedenkstätten auf der einen und einer historisch desorientierten und weitgehend faktenresistenten deutschen Bevölkerung auf der anderen Seite geprägt, sodass die Visualisierungen der NS-Vergangenheit vor allem symbolischen Charakter haben:

110 Bösch 2007: 31.

111 Vgl. Klundt u. a. 2003; Reichel 2007b.

112 Kreimeier 2005.

»Jedenfalls lassen sich die gegenwärtigen Geschichts-Events nur noch bei oberflächlichster Betrachtung als Ausdruck jener politischen Kultur der selbstkritischen Auseinandersetzung mit der NS-Vergangenheit begreifen, die seit den sechziger Jahren entstand und die Gesellschaft der Bundesrepublik jahrzehntelang prägte.«[113]

Es scheint gerade so, als würde ein umgekehrt proportionaler Zusammenhang zwischen der Zunahme des wissenschaftlich gesicherten Wissens über den Nationalsozialismus und der Abnahme der kritischen Verankerung dieser Erkenntnisse in der deutschen Gesellschaft bestehen, der seine dramatische Dynamik dadurch erhält, dass mit dem geringen Wissen eines großen Teiles des deutschen Bevölkerung über den Nationalsozialismus zugleich eine zunehmende Erinnerungs- und Schuldabwehr einhergeht. Alvin Rosenfeld spricht in diesem Kontext von einem erinnerungspolitischen »Ende des Holocaust«.[114]

In geschichtspolitischer Perspektive, also hinsichtlich der *instrumentellen* Nutzung der Vergangenheit zu gegenwarts- und zukunftsbezogenen Zwecken, hat die – durch zahlreiche Debatten über Antisemitismus kontinuierlich wiederkehrende – Abwehr der Erinnerung an die Shoah zentrale Bedeutung. Seit einigen Jahren mischen sich diesen auf Schuld*abwehr* orientierenden Artikulationen verstärkt Töne bei, die auf Schuld*umkehr* zielen und die in den Vertreibungs- und Bombenkriegsdebatten zu vordergründig unabhängigen Diskursen geworden sind.

Zentral waren hierbei die 2001 ausgestrahlten TV-Serien *Die Vertriebenen. Hitlers letzte Opfer* (ARD) und *Die große Flucht* (ZDF), die Flucht und Vertreibung zwar formal in den zeitlichen Kontext gestellt haben, aber dabei entkonkretisiert verfuhren: Es ging nicht um eine reale Aufarbeitung

113 Frei 2004.

114 Rosenfeld 2011.

der Vergangenheit, sondern um eine selektive Darstellung der für den Mythos der »Deutschen als Opfer« nutzbaren Elemente. Dabei wurde der Nationalsozialismus keineswegs geleugnet, jedoch in der filmischen Darstellung marginalisiert und auch fragmentiert, da nicht deutlich gemacht wurde, dass es ohne den Nationalsozialismus bzw. die deutsche Volkstumspolitik der 1920er und 1930er Jahre auch keine Flucht und Vertreibung gegeben hätte.

In den filmischen Darstellungen wurde dieser Zusammenhang nicht ernsthaft thematisiert und stattdessen Einzelschicksale in den Mittelpunkt gerückt, um Mitleid für die Betroffenen zu erwecken. Verstärkt wurde diese Methode dadurch, dass individuelle Erlebnisse während der Flucht zum Teil durch prominente Persönlichkeiten wie den Fußballtrainer Udo Lattek präsentiert wurden, an dessen subjektive Erzählungen sich die Zuschauer aufgrund seiner Prominenz besser zu erinnern in der Lage sein werden als an konträre und disharmonische Positionen, die von unbekannten und damit quasi namenlosen Menschen am Rande des filmischen Haupterzählstrangs auch dargestellt wurden. Da diese epischen Strecken in die historischen Kommentierungen nahtlos eingebettet wurden, schienen sie die gleiche Qualität zu haben wie die Aussagen von Historikern, die in den Serien zu Wort kamen. An dieser Art der Darstellung ist neben der Aufwertung von Aussagen von Privatpersonen vor allem ihr durch das erzählende Moment zu attestierender Ahistorismus zu kritisieren. Das individuelle Einzelschicksal nimmt hier methodisch nicht den Stellenwert eines Korrektivs für die historische Interpretation ein, sondern wird für die generalisierbare Wahrheit gehalten.

So wird die Unschuld ausgewählter Einzelpersonen betont, filmisch beispielsweise in Szene gesetzt durch Erlebnisberichte von während der Flucht im Kindesalter befindlichen Menschen, also von denjenigen, die tatsächlich keine individuelle Schuld trifft, die aber erinnerungspolitisch als Idealtypen – und nicht, wie historisch angemessen, als Minderheit – dargestellt werden. Diese Personifizierung dient dabei zur Entterritorialisierung von historischer Schuld, da die TäterInnen so symbolisch in Nicht-Identität mit dem deutschen Volk gesetzt werden, das nun wiederum unschuldig für »Hitlers Verbrechen« bezahlt habe. Auf diese Weise mutiert die Darstellung individueller Unschuld über einen Umweg zum Mythos kollektiver Unschuld, wenn eine kollektiv vollzogene Identifizierung mit den Nicht-TäterInnen erfolgt, die mit den Verbrechen als »durchschnittliche Deutsche« nichts zu tun gehabt hätten, wobei so die real weitreichende Schuldverstrickung umgekehrt wird in eine Unschuldsunterstellung, die nicht – wie rechtsstaatlich sonst üblich – individuell, sondern kollektiv gelten soll. *Die Gustloff* (ZDF & ORF, 2008) erweitert diesen Modus im Kinofilmformat, wie Stephan Maus herausgearbeitet hat:

> »In Erinnerung bleibt das Bild einer Masse von einfachen Zivilisten im Schiffsbauch, die von wenigen Irren in Geiselhaft genommen werden. [...] Vilsmaier verfolgt die Schönfärbe-Strategie, einzelne Nazis besonders böse zu inszenieren, um den Großteil der Deutschen als ihre Opfer und damit als unschuldig darstellen zu können. So funktioniert Exorzismus: Das Böse fährt als grotesker Teufel aus dem Staatskörper, der in bleicher Unschuld übers Meer treibt.
>
> Die Schiffssymbolik erlaubt es, Deutschlands Untergang aus dem historischen Zusammenhang zu reißen. Vilsmaiers Hauptdarsteller ist der Ostseenebel, hinter dem alle Ursachen für die Katastrophe verschwinden. Verbrechen der Wehrmacht? Verschwunden im Nebel. Holocaust? Bleibt unerwähnt. Die Opferrolle ist schon von deutschen Zivilisten besetzt. Für Juden ist kein

> Platz mehr, sorry. Das Gedenken an deutsche Zivilopfer ersetzt nach und nach das Erinnern an den Holocaust. Auf Vilsmaiers Nazi-Traumschiff wird jede negative Figur durch eine positive neutralisiert. […] Sorgfältig verteilt Vilsmaier sein Nazi-Gegengift über alle Hierarchien und verrechnet das böse Deutsche restlos mit dem guten. Heraus kommt ein moralisches Nullsummenspiel: Auf der ›Gustloff‹ halten sich Gut und Böse exakt die Waage.«[115]

Die »primär formal und stilistisch konstruierte Viktimisierung nichtjüdischer ›Deutscher‹« ist dabei, wie Antonia Schmid gezeigt hat, »signifikant für den filmischen Diskurs über den Nationalsozialismus im neuen Jahrtausend«.[116] Dabei entspricht das »Spektrum von Selbst- und Fremdbildern« im Film der Berliner Republik »in wesentlichen Zügen den Ein- und Ausschlusslinien der nationalsozialistischen ›Volksgemeinschaft‹«[117] – ein Attest, das Shida Kiani bereits für die ersten Jahrzehnte der Plenardebatten im Deutschen Bundestag gestellt hatte[118] und das, nun alltagskulturell gewendet, die Dramatik der antisemitischen Schuldabwehr in einer repressiven und regressiven *Erinnerungsabwehrgemeinschaft* verdeutlicht. Besonders deutlich wird das Moment des Identifizierungsangebots mit den Tätern dabei in den Kino- bzw. Fernsehfilmen *Der Untergang* (2004) und *Unsere Mütter, unsere Väter* (ZDF, 2013). Der Spielfilm *Der Untergang* ist als Dokumentarfilm inszeniert, er arbeitet mit authentischen Zitaten, aber die letzten Tage im »Führerbunker« werden in mitleiderweckender Weise erzählt, sodass die fiktionale Darstellung der Vergangenheit die reale Geschichte überwölbt: »Ein Film insze-

115 Maus 2008.

116 Schmid 2019: 171.

117 Ebd.: 503.

118 Kiani 2013: 277.

niert sich als Quelle«.[119] Dabei werden selbst hochrangige Nazi-Funktionäre – wie bereits in zahlreichen anderen filmischen Beispielen – als empathisch oder verständnisvoll inszeniert, wobei darüber hinaus in dem Film auch Neonazis als Komparsen eingesetzt wurden.

Der Fernsehfilm *Unsere Mütter, unsere Väter* kreist als »massenmediale Verharmlosung deutscher Schuld«[120] um fünf Freunde, die sich im Sommer 1941 in Berlin verabreden, sich nach Wehrmachtseinsatz an der Ostfront bzw. geplanter Karriere als Sängerin an Weihnachten wieder zu sehen. Dazu kommt es aber erst nach Ende des Zweiten Weltkriegs, zwei von ihnen sind dann tot. Die Biografien der sympathisch inszenierten HauptdarstellerInnen werden dabei so skizziert, dass alle quasi wie Unbeteiligte und Unschuldige am NS-Regime erscheinen, obgleich sie jeweils auf ihre eigene Weise zum Teil tief in den Propaganda- und Vernichtungsapparat involviert sind, aber wie Opfer wirken, die keinerlei Verantwortung für ihr Handeln trifft, während Antisemitismus vor allem bei anderen lokalisiert wird und die Darstellung der Charaktere über weite Strecken der NS-Propaganda folgt. Der TV-Dreiteiler »viktimisiert Täterfiguren und lädt zur Identifikation mit ihnen und zu Empathie für sie ein«,[121] wobei zugleich die erinnerungspolitische Orientierung auf eine Täter-Opfer-Umkehr zielt, da die ProtagonistInnen in ihrem Leid gezeigt werden, das damit als das Leid einer ganzen Nation herbeiphantasiert werden kann, noch verbunden – angesichts von als oppositionell unterstellten Handlungen – mit dem Mythos einer »geglückten Läuterung«[122] der Täter, was die Abwehr der Shoah im Erinnern komplettiert: den Antisemitismus auf andere zu projizieren (im Fall des Films vor allem auf polnische Protagonisten), selbst Opfer geworden zu sein, keine

119 Wildt 2005.

120 Süselbeck 2013.

121 Schmid 2019: 498.

122 Ebd.: 501.

Verantwortung für das eigene Handeln zu übernehmen und zugleich dennoch moralisch richtig agiert zu haben, da man sich ja letztlich doch in einer Form – so der zeitgeschichtlich ubiquitäre Euphemismus – von ›innerer Emigration‹ befunden habe.

In der literarischen (Nicht-)Thematisierung der Shoah finden sich manche Parallelen zur filmischen, auch literarische Werke »schaffen immer wieder Bilder, Erzählungen und Figuren, die im Gedächtnis bleiben und weit über das literarische Feld hinaus wirken«.[123] Dabei spielt für das »Feld der Erinnerungspolitik und -kultur« Literatur »eine entscheidende Rolle«, wie Anja Thiele betont hat, da sie gleichermaßen eine »Funktion als gesellschaftsbildendes und gesellschaftsgestaltendes Medium« hat.[124] Konkret bestand diese Funktion der bundesdeutschen Literatur dabei laut Stephan Braese, Holger Gehle, Doron Kiesel und Hanno Loewy insbesondere in der »Einübung einer umfassenden Opferrolle«, die es ermöglichte, von der »Differenz zwischen Deutschen und Juden ›nach Auschwitz‹ abzusehen«.[125] Jüdische AutorInnen in der westdeutschen Nachkriegsliteratur zeichnen sich hingegen realiter dadurch aus, dass sie, wie Braese sagt, ein »*Gegenüber* zum Gros der deutschsprachigen Autoren und ihrer Arbeit« darstellen, in das die »objektive Erinnerungsdifferenz«[126] sie unweigerlich gestellt hat. Anja Thiele kontextualisiert diesen Sachverhalt folgendermaßen:

> »Während Juden und Jüdinnen die Erfahrungen von Exil, Lager oder Untergrund erlitten hatten, waren etliche nichtjüdische Autoren […] in der Wehrmacht oder anderen NS-Institutionen gewesen. Selbst jene exilierten oder im Untergrund

123 Bogdal 2007: 7.

124 Thiele 2019: 5.

125 Braese u. a. 1998: 10.

126 Braese 2001: 29.

> und der Lagerhaft verbliebenen deutschen Kommunisten teilten nicht die Erfahrung der Juden, nämlich, aufgrund einer nicht ihnen bewusst entschiedenen Sache verfolgt und mit dem Tod bedroht zu werden. Darüber hinaus standen deutsche politische Häftlinge in den Konzentrationslagern an der Spitze der Lagerhierarchie, mit gravierenden qualitativen Unterschieden zu den jüdischen Lagerhäftlingen in Bezug auf Ernährung, Unterbringung, Behandlung und dem Verschaffen von anderen Vorteilen. Viele deutsche Kommunisten hatten privilegierte Positionen innerhalb der Lagerführung inne, beispielsweise als Kapos, was ihre Überlebenschance vergrößerte. Nicht zuletzt wurden antisemitische Weltbilder bisweilen auch von den deutschen Kommunisten geteilt. Die Unterscheidung zwischen jüdischer und nicht-jüdischer Perspektive bleibt aufgrund der ›Erfahrungsdifferenz‹ auch dann aufrechterhalten, wenn die Autoren zwar aufgrund ihrer jüdischen Herkunft verfolgt wurden, sich selbst aber gar nicht als Juden, sondern z. B. als Sozialisten betrachteten.«[127]

Die eine Seite der literarischen Abwehr der Erinnerung an die Shoah bestand dabei in der Nachkriegszeit darin, jüdische Literatur aus dem Kanon auszuschließen, Antisemitismus und Nationalsozialismus in literarisch einflussreichen Kontexten zu dethematisieren (Gruppe 47), jüdische AutorInnen als Alibi zu instrumentalisieren (Tagebuch der Anne Frank) und jüdische Autoren zu entpolitisieren (Paul Celan); die andere Seite darin, den Nationalsozialismus zu entpolitisieren und enthistorisieren und sich im selbstmitleidigen Opfermythos zu inszenieren,[128] wie dies paradig-

127 Thiele 2019: 18f.

128 Vgl. Eke/Steincke 2006; Mueller 2017.

matisch in *Draußen vor der Tür* (1947) von Wolfgang Borchert geschieht, wenn zwar vordergründig Fragen nach dem Krieg adressiert werden, diese aber als allgemeines Antikriegsstück daherkommen, in dem der Protagonist – ein Kriegsheimkehrer – nichts anderes vermag, als sich selbst zu bemitleiden:

> »Aus einem konkreten Krieg, dem zweiten deutschen Weltkrieg, wird ein Krieg an sich, ein katastrophales Großereignis. Der selbstmitleidige Blick auf die Opfer des Krieges kann zunächst nur die eigenen, die deutschen Kriegstoten erkennen und anerkennen. Hinter ihnen verschwinden die Opfer der nationalsozialistischen Gewaltverbrechen.«[129]

In der bundesdeutschen Nachkriegsliteratur finden sich vor allem Auseinandersetzungen und Thematisierungen des autoritären bzw. totalitären Charakters des Nationalsozialismus, bei denen die Shoah und der deutsche Antisemitismus bemerkenswert unthematisiert bleiben und vor allem im lyrischen Kontext über Adornos Paradigma, nach Auschwitz ein Gedicht zu schreiben, sei barbarisch, diskutiert wird.[130] Zugleich dominieren im alltagskulturellen Raum die auch in anderen Bereichen der Öffentlichkeit wahrnehmbaren Tendenzen einer Verharmlosung, Relativierung und Trivialisierung. Diese finden ihren Höhepunkt in den selbstmythologisierenden und militarismusverherrlichenden *Landser*-Groschenromanen, von den zwischen 1957 und 2013 insgesamt 2.897 Hefte mit jeweils 64 Seiten erschienen sind. Die konkreten Debatten über antisemitische Literatur werden allerdings vor allem entlang von zwei Werken geführt: Rainer Werner Fassbinders *Der Müll, die Stadt und der Tod* (1975) und Martin Walsers *Tod eines Kritikers* (2002). Dass bis heute keine intensive Diskussion über

129 Reichel 2007b: 51.

130 Vgl. Kiedaisch 1995.

das Thema Antisemitismus bei Günter Grass geführt wurde, obgleich dieser mit seiner Novelle *Im Krebsgang* (2002) die Blaupause für den geschichtsrevisionistischen Film *Die Gustloff* lieferte und – als ehemaliger Waffen-SS-Angehöriger – damit den deutschen Opfermythos nachhaltig befeuerte, um noch kurz vor seinem Tod das antisemitische Gedicht *Was gesagt werden muss* (2012) zu veröffentlichen,[131] mag damit zu tun haben, dass mit der ikonischen Verehrung des Säulenheiligen Grass als maßgeblichem Literaten der bundesdeutschen Nachkriegsliteratur mit dezidiert linkem Habitus auch ein wesentlicher Teil des Mythos einer erfolgreichen deutschen Vergangenheitsaufarbeitung in sich zusammenbrechen könnte. Die Feststellung, dass die »Ideologie des Antisemitismus« in den ersten Nachkriegsjahrzehnten »nur von einer Minderheit analysiert und öffentlich diskutiert« wurde,[132] zeigt sich an Grass als symbolischem Kontinuum bis in die Gegenwart.

Rainer Werner Fassbinders Theaterstück *Der Müll, die Stadt und der Tod*[133] ist als »antiurbane Ballade«[134] gleichsam in einer linken Selbstverortung lokalisiert, die sich gegen das Großstadtleben wendet, obgleich sich in einer Großstadtfeindschaft objektiv nichts Emanzipatorisches findet und sie letztlich einen regressiv-provinziellen, fortschrittsfeindlichen Grundtenor hat, der vorbürgerliche Gesellschaftsverhältnisse romantisiert und idealisiert, statt die Dialektik moderner Urbanisierung als Potenzial für Emanzipationsprozesse zu hypostasieren. Im Zentrum von Fassbinders Stück steht ein namenloser »Reicher Jude« (der als Anspielung auf Ignatz Bubis wahrgenommen wurde), der im großen Stil Häuser kauft und verkauft, tief involviert ist in Prostitutionsgeschäfte, als »machtgierig, geil und skru-

131 Vgl. Dondera 2019; Süselbeck 2012.

132 Thiele 2019: 160.

133 Vgl. Fassbinder 1998.

134 Reichel 2007b: 245.

pellos«[135] gezeichnet wird und von dem in dem Stück gesagt wird, er »saugt uns aus«, er setzt »uns ins Unrecht, weil er Jud ist und wir die Schuld tragen«[136]: »Wär er geblieben, wo er herkam. Oder hätten sie ihn vergast, ich könnte heute besser schlafen. Sie haben vergessen, ihn zu vergasen.«[137] Fassbinder verbindet mit dem Stück offensiv antisemitische Ressentiments, die unmissverständlich vorgetragen werden, mit Opfer-Täter-Umkehrungen und dem deutschen Mythos kollektiver Unschuld, wobei das Bemerkenswerteste ist, dass sein Antisemitismus völlig offen und unzweideutig formuliert wird – ähnlich wie Jahre später bei Martin Walser, der mit seinem Buch *Tod eines Kritikers* (2002) den ersten antisemitischen Bestseller in der deutschen Literatur nach 1945 vorgelegt hat, der völlig offen und ohne jeden Deutungsspielraum ein antisemitisches Machwerk war.[138]

Formal ging es Walser um »Machtausübung im Literaturbetrieb«,[139] wobei Walser dieselbe Opferphantasie entwickelt wie Fassbinder, nur mit einem anderen Vorwand: Ein Autor namens Hans Lach, der als *alter ego* Walsers zu erkennen ist, und dessen neuestes Buch von dem renommierten Literaturkritiker André Ehrl-König (alias Marcel Reich-Ranicki) in dessen Fernsehshow verrissen wurde, bedroht den Starkritiker auf einer Verleger-Party mit dem Spruch »Die Zeit des Hinnehmens ist vorbei. [...] Ab heute nacht Null Uhr wird zurückgeschlagen«.[140] Als Ehrl-König verschwunden ist, gerät Lach unter Mordverdacht. Doch jener hat sich nur mit seiner jungen Geliebten vergnügt und erscheint später unvermittelt wieder. Der Literaturkritiker Ehrl-König ist, wie der Makler bei Fassbinder, Jude, wird

135 Ebd.: 245.

136 Fassbinder 1998: 75.

137 Ebd.

138 Siehe zum Kontext auch Lorenz 2005.

139 Walser 2002b.

140 Walser 2002a: 10.

auch hier gezeichnet als hässlich, »wurzellos« (ungeklärte Herkunft, mehrere Staatsbürgerschaften), lüstern, sexuell pervers, mit überbetonter Aussprache, bösartig, mächtig, zersetzend. Der Roman fungiert dabei als Parabel, der Ich-Erzähler teilt Personen in »Besiegte« und »Unbesiegte« ein, Ehrl-König gehöre einer dritten Kategorie an: »unbesiegbar«,[141] was der antisemitischen Denkfigur folgt, nach der zwischen Eigenem und Fremdem unterschieden wird, Jüdinnen und Juden aber als außerhalb dieses Kategoriensystems begriffen werden, als »das Andere«. Walser hat mit seinem Roman damit offenen, die Vernichtung androhenden oder zumindest mit dieser Drohung kokettierenden Antisemitismus in der deutschen Literatur wieder reetabliert, den deutschen Opfermythos, wie er in Film und Literatur bedient wurde, in seiner antisemitischen Grundierung von der Latenz in die Manifestation gehoben und damit den Kern des Mythos deutscher Kollektivunschuld explizit gemacht: den Hass auf Jüdinnen und Juden, den Wahn des antisemitischen Ausschlusses und der Vernichtung. Auch der Blick auf Film und Literatur zeigt damit, dass das »lang gehegte Paradigma einer bundesrepublikanischen Erfolgsgeschichte« dringend »einer kritischen Revision unterzogen werden muss«[142] – es wird sich dabei nicht nur als Ideologie, sondern mehr noch als zentrale Lebenslüge der bundesdeutschen Geschichte erweisen.

141 Ebd.: 126.

142 Thiele 2019: 298.

4

Gesellschaftliche Selbstfindungen: Antisemitische Schuldabwehr

Ganz gleich, welches antisemitische Ressentiment in Deutschland öffentlich kommuniziert wird: Eine explizite oder implizite Form der Abwehr der Schuld und Verantwortung für den Nationalsozialismus und die Shoah hat daran immer einen Anteil. Dies gilt gleichermaßen für den offen rassistischen Antisemitismus der Neonazis wie für den salonfähigen Antisemitismus in der Mitte der Gesellschaft, aber auch für den vorzugsweise unter dem Deckmantel der Israel- und Globalisierungskritik vorgetragenen Antisemitismus von links. Die Abwehr der eigenen Schuld ist ein verbindendes Band zwischen den politischen Spektren.[143] Entstanden aus dem Wunsch nach Entlastung von der deutschen Vergangenheit konstituiert sich dieser Schuldabwehr-Antisemitismus »nicht *trotz*,

143 Ionescu/Salzborn 2014.

sondern wegen Auschwitz«, wie Henryk M. Broder es formuliert hat,[144] also als Element der deutschen Erinnerungspolitik, das die Juden für die Folgen der Shoah verantwortlich macht und die Shoah als negative Störung der nationalen Erinnerungskompetenz bestimmt. Das Bedürfnis nach nationaler Identität und einer Schlussstrich ziehenden Normalität verortet die Verantwortung für eine durch die Holocausterinnerung gestörte deutsche Identitätsfindung nicht in der Massenvernichtung der europäischen Juden durch das nationalsozialistische Deutschland, sondern bei den Opfern der deutschen Politik, die sich mit ihrem – so verstandenen – Schicksal nicht abfänden, und wird, besonders in den letzten Jahren, sehr oft aus allen politischen Spektren als antiisraelischer Antisemitismus reformuliert. Denn weil der Antisemitismus wegen des deutschen Massenmordes an den europäischen Juden seit 75 Jahren in einen gewissen Rechtfertigungszwang geraten ist, wurden und werden die Juden zur gesellschaftlichen Selbstentlastung zudem in der Rolle des Täters gebraucht und nicht in der des Opfers. Bereits 1962 notierte Theodor W. Adorno zu diesem psychischen Entlastungsmechanismus der Täter-Opfer-Umkehr:

> »Darauf spekuliert tatsächlich einer der wesentlichen Tricks von Antisemiten heute: sich als Verfolgte darzustellen; sich zu gebärden, als wäre durch die öffentliche Meinung, die Äußerungen des Antisemitismus heute unmöglich macht, der Antisemit eigentlich der, gegen den der Stachel der Gesellschaft sich richtet, während im allgemeinen die Antisemiten doch die sind, die den Stachel der Gesellschaft am grausamsten und am erfolgreichsten handhaben.«[145]

144 Broder 1986: 11, Herv. i. Orig.

145 Adorno 1962: 363.

In den ersten Umfragen, die nach Ende des Zweiten Weltkriegs in Deutschland Bezug nehmend auf die NS-Vergangenheit durchgeführt wurden, waren antisemitische Einstellungen nicht eine Ausnahme, sondern die Regel. Kurz nach Niederschlagung des Nationalsozialismus durch die Alliierten gehörte die offene Artikulation antisemitischer Überzeugungen als weltanschauliches Kontinuum zur gesellschaftlichen Normalität, die durch die subjektiv als »Schock« empfundene deutsche Niederlage und die alliierte Besatzung Deutschlands so gut wie gar nicht erschüttert worden war: Die erste Befragung in der amerikanischen Besatzungszone im Dezember 1946 ergab, dass 18 Prozent der Bevölkerung als »harte« AntisemitInnen, weitere 21 Prozent als AntisemitInnen und 22 Prozent als RassistInnen einzustufen waren.[146]

Dies war insofern wenig verwunderlich, als die auf alliierter Seite noch bei Kriegsbeginn vorherrschende Vermutung, die Mehrheit der Deutschen stünde mindestens in innerer Distanz zum NS-Regime und dessen ideologischen Fundamenten, sich als Illusion herausstellte. Denn obgleich die Deutschen keineswegs ihren moralischen Werthorizont komplett verloren hatten, stand dieser mehrheitlich – anders als von alliierter Seite erwartet – nicht in der Tradition bürgerlich-republikanischen Gedankenguts, sondern war elementar mit der antisemitischen und rassistischen Weltanschauung verwoben, die zum gesellschaftlichen Alltag gehörte und damit weitgehend zur konsensualen Norm geworden war. Wert-, Norm- und Moralvorstellungen waren nicht aufgehoben, sondern nur so weit ins Völkische verschoben, dass der Antisemitismus als universelles Welterklärungsphantasma fungieren konnte, ohne im Widerspruch zum »gesunden Menschenverstand« der Mehrheit der deutschen Bevölkerung zu stehen. Denn die Menschen ließen sich durchaus von einer Orientierung am

146 Vgl. Bergmann/Erb 1997: 398.

so verstandenen »gesunden Menschenverstand« leiten, wie Karin Orth es formuliert hat,[147] nur dass dieser als Chiffre für den antisemitischen und rassistischen Konsens angesehen werden muss.

Vor diesem Hintergrund war es nur folgerichtig, dass auch die erste bundesweite empirische Umfrage vom Herbst 1949 – dem Gründungsjahr der Bundesrepublik Deutschland – ergab, dass sich immerhin noch ein Viertel der deutschen Bevölkerung selbst als AntisemitInnen klassifizierte, wobei der Anteil im Jahr 1952 sogar auf ein Drittel stieg.[148] Das gesellschaftliche Klima in den 1950er Jahren war geprägt von einer Renazifizierung bzw. einer unzureichenden Entnazifizierung. Es war eine Zeit, in der – mit den Worten Ralph Giordanos – der »große Frieden mit den Tätern« gemacht wurde.[149] (Neo-)Nazistische Kleinstgruppierungen, Parteien und Publikationen entstanden, ehemalige NationalsozialistInnen wurden im öffentlichen Dienst, in der Politik, Wirtschaft und Wissenschaft wieder »eingegliedert«, die Bemühungen um eine Fortsetzung der Entnazifizierung versandeten oder wurden bewusst beendet und eine große Zahl von NS-Prozessen war eher von Solidarität mit den TäterInnen denn einer weitreichenden politischen und juristischen Auseinandersetzung mit den differenten Tätergruppen geprägt. Zugleich kam es in der Bundesrepublik zu einer massiven Welle antisemitischer Taten, wie der massenhaften Schändung jüdischer Friedhöfe und Synagogen.

Die von alliierter Seite mit Unterstützung von demokratischen Kräften in der Bundesrepublik geforderte kritische Auseinandersetzung mit der NS-Judenverfolgung, die Einsicht in die daraus resultierende Notwendigkeit von sogenannten Entschädigungszahlungen sowie die Zustimmung zu einer nicht von antisemitischen Ressentiments

147 Orth 2002: 105.

148 Vgl. Bergmann/Erb 1997: 399.

149 Giordano 1996: 13.

geprägten Haltung gegenüber dem Staat Israel stieß auf Ablehnung in der deutschen Bevölkerung. Im August 1952 sprach sich fast die Hälfte der Deutschen gegen die sogenannten Entschädigungszahlungen an Israel aus, weitere 24 Prozent hielten diese zwar für gut, aber zu hoch bemessen, und lediglich 11 Prozent stimmten ihnen zu:[150] »Diese Ablehnung äußerte sich in Form traditioneller antijüdischer Vorurteile (Vorwurf der Geldgier und Rachsucht), die sich durch die jüdischen Forderungen ›bestätigt‹ sahen (Schuldumkehr).«[151]

Verbunden mit der wirtschaftlichen und politischen Situierung der Bundesrepublik, dem rechtlichen Kampf gegen neonazistische Parteien wie die Sozialistische Reichspartei (die 1952 vom Bundesverfassungsgericht wegen ihrer offenen NS-Bezugnahme verboten wurde), einer Reetablierung von demokratischen Strukturen und einem – wenn auch nur langsam voranschreitenden und teilweise sehr marginalen – personellen Wandel im Bereich des öffentlichen Lebens begann in den späten 1950er und 1960er Jahren der Anteil der offenen AntisemitInnen in der Bundesrepublik der quantitativ-empirischen Forschung zufolge langsam abzunehmen.

Der auf die soziale Distanz bezogenen Frage »Würden Sie sagen, es ist für Deutschland besser, keine Juden im Land zu haben?« stimmten 1952 noch 37 Prozent zu, während der Anteil nach und nach (1956: 28 Prozent; 1958: 22 Prozent; 1963: 18 Prozent; 1965: 19 Prozent) auf neun Prozent im Jahr 1983 sank.[152] Auch wenn die Zustimmung zu dieser Frage wieder auf 13,1 Prozent im Jahr 1987 anstieg, zeigte die parallel gewachsene Ablehnung der Frage (von 19 Prozent im Jahre 1952 auf 66,8 Prozent im Jahre 1987),[153] dass eine teils kontinuierliche, teils auch nur schubweise

150 Vgl. Noelle/Neumann 1956: 130.

151 Bergmann/Erb 1997: 400.

152 Vgl. Köcher 1986: 23.

153 Vgl. Institut für Demoskopie 1987: Tab. 13g.

verlaufende Reduzierung eines sich offen artikulierenden Antisemitismus in der Bundesrepublik stattgefunden hat. Parallel zu dieser wachsenden Ablehnung von öffentlichen Formen des Antisemitismus bestand die Toleranz für antisemitische Äußerungen im privaten Bereich jedoch weiter fort. Als das Institut für Demoskopie Allensbach 1986 danach fragte, ob man die Freundschaft zu einem Bekannten aufrecht erhalten würde, wenn dieser ernsthaft die Ausweisung von Juden aus der Bundesrepublik fordere, konnten sich dies 40 Prozent vorstellen, während es nur 26 Prozent für kaum möglich hielten und weitere 34 Prozent sich zu einer Beantwortung der Frage nicht im Stande sahen.[154]

Diese Differenz von privater Toleranz für Antisemitismus und öffentlichem Anti-Antisemitismus könnte, so schlussfolgerte Werner Bergmann, als ein Hinweis »auf die Tabuisierung und Latenz des Antisemitismus in der BRD genommen werden, wonach weniger ein durchgreifender Einstellungswandel stattgefunden hätte als vielmehr nur die Abdrängung des Vorurteils in die Latenz«.[155] Eine solche Annahme wird noch dadurch bestärkt, dass von den Befragten in großem Maße ein Kommunikationsverbot für antisemitische Einstellungen angenommen wurde, insbesondere hinsichtlich der Verlautbarungen im öffentlichen und politischen Raum. Somit musste also von einer Kommunikationslatenz von antisemitischen Einstellungen bei gleichzeitiger psychischer Präsenz ausgegangen werden.[156]

Ruft man sich die Ergebnisse der frühen empirischen Forschung hinsichtlich der Ablehnung von *shilumim* – so der statt der in Deutschland verwendeten Begriffe »Entschädigungen« oder »Reparationen« in Israel verwendete Ausdruck (*shilumim* ist etwa mit dem deutschen Wort »Zahlungen« zu übersetzen, wobei dem Begriff jede Kon-

154 Vgl. Köcher 1986: 57.

155 Bergmann 1990: 117.

156 Vgl. ebd.: 112; siehe auch Bergmann/Erb 1991.

notation von Schuldvergebung oder Verzeihen fehlt, die sich die deutschen Termini »Entschädigung«, »Wiedergutmachung« oder »Reparation« gern verbal erkaufen würden – als ließe sich der deutsche Massenmord an den europäischen Juden »wiedergutmachen«) – in Erinnerung, die verknüpft wurde mit dem antisemitischen Ressentiment der Bereicherung und dem der Schuldumkehr, dann fällt auf, dass sich bereits in den frühen 1950er Jahren zu den klassischen antisemitischen Motiven ein schuldabwehrender Antisemitismus gesellt hatte, der nicht Bestandteil der offiziellen politischen Doktrin war, sondern sich vielmehr in Form diffuser Verschwörungsphantasmen und Entlastungswünschen gesellschaftlich (öffentlich und privat) artikulierte. Diese Wandlung ist vor allem vor dem Hintergrund einer Kommunikationslatenz bedeutsam, weil sie auf eine sich modifizierende antisemitische Artikulation hinweist.

Bereits Anfang der 1980er Jahre hat Alphons Silbermann in diesem Zusammenhang ermittelt, dass von den antisemitischen Motiven die Zustimmung bei einem sich wirtschaftlich artikulierenden Antisemitismus weit intensiver war als bei einem rassistischen oder einem politischen.[157] Rund 45 Prozent der Deutschen stimmten einem in wirtschaftliche Motive übersetzten Antisemitismus mehr oder minder deutlich zu, während weniger als 20 Prozent derartige Gedanken ablehnten.[158] Bei einem rassistisch motivierten Antisemitismus – also der Variante, die als öffentlich sanktionsgefährdet wahrgenommen wurde – äußerten »nur« rund 30 Prozent starke bzw. schwache Zustimmung, während immerhin fast 35 Prozent diesen ablehnten.[159] Konkret war unter einem »wirtschaftlichen Antisemitismus« zu verstehen, dass eine konstante Anzahl von rund 20 Prozent der Befragten im Zeitraum von 1960

157 Silbermann 1982.

158 Vgl. ebd.: 57.

159 Vgl. ebd.: 45.

bis 1986/87 »den Juden« Geiz und rund 30 Prozent ihnen Berechnung unterstellte; Erfolg im Geschäftsleben wurde »den Juden« in den 1960er Jahren sogar von rund 55 Prozent zugeschrieben, wobei der Wert im Jahre 1987 noch auf 74,6 Prozent anstieg.[160]

In Beziehung gesetzt zu der gigantischen Schuldverleugnung – bereits Anfang der 1960er Jahre lehnten fast 90 Prozent der Deutschen jede Form der Mitschuld an der Judenvernichtung ab, wie das Institut für Demoskopie Allensbach ermittelt hat[161] – erlangt die antisemitische Unterstellung einer speziellen jüdischen Gier und Machtbesessenheit eine besondere Qualität, weil sie zeigt, dass sich die Deutschen in ihrem nationalen Gewissen gestört fühlen und keine Verantwortung für die NS-Verbrechen übernehmen wollen, während als Grund für eine reflexive Vergangenheitsaufarbeitung lediglich ein antisemitischer Verschwörungswahn angesehen wird:

> »Ein großer Teil der Bevölkerung sieht sich so in eine Art ›Dauerschuld‹ versetzt, da ›die Juden‹ aus ihrer Sicht auf dem Wachhalten der Erinnerung zu bestehen scheinen. Diese Vermutung steht in Spannung zu dem eigenen Wunsch, endlich einen Schlußstrich unter die Vergangenheit zu ziehen.«[162]

Die Transformation der antisemitischen Kommunikationsformen in Richtung eines schuldabwehrenden Antisemitismus und die damit versuchte moralische und historische Entlastung antisemitischen Denkens führte im Laufe der Zeit nicht nur zu keiner Abnahme schuldabwehrender antisemitischer Motive, sondern im Gegenteil tendenziell sogar eher zu einer wachsenden Zustimmung in der deutschen Bevölkerung, wobei die Tendenz, antisemitische und

160 Vgl. Bergmann 1990: 120.

161 Vgl. Noelle/Neumann 1965: 229.

162 Bergmann 1990: 124.

antijüdische Überzeugungen öffentlich zu artikulieren, seit den 1990er Jahren wieder deutlich gestiegen ist.[163] Eine EMNID-Untersuchung aus dem Jahre 1994 zeigte, dass 44 Prozent der West- und 19 Prozent der Ostdeutschen die Ansicht vertreten haben, »die Juden« würden »den nationalsozialistischen Holocaust für ihre eigenen Absichten« ausnutzen (Gesamt: 39 Prozent). Ähnliche Ergebnisse förderte auch die ALLBUS-Erhebung aus dem Jahr 1996 zutage, nach der rund 44 Prozent der Deutschen mehr oder minder stark die Meinung vertraten, Juden würden die deutsche Vergangenheit ausnutzen.

Dies zeigt, dass ein manifester und offen nazistischer Antisemitismus im Laufe der Geschichte der Bundesrepublik kontinuierlich abgenommen hat, während der schuldabwehrende, häufig nicht-öffentlich verlautbarte Antisemitismus konstant blieb und sich in den letzten Jahren sogar wachsender Zustimmung erfreut. Entscheidend bis Mitte der 1990er Jahre war allerdings, dass sich im öffentlich-politischen Raum (bei allem Widerstand von rechtsextremer und auch konservativer Seite) tatsächlich ein Konsens etabliert hatte, der antisemitische Ausfälle gesellschaftlich sanktionierte, sie entschieden als aus demokratischer Perspektive nicht tolerierbare Position zurückwies und damit zeigte, dass eine Affirmation antisemitischer Ressentiments nicht als bloße »Meinung« gleichberechtigt neben anderen tolerierbar ist.

Dies änderte sich nachhaltig im Jahre 1998 mit der Paulskirchen-Rede von Martin Walser, die dieser anlässlich der Verleihung des Friedenspreises des Deutschen Buchhandels im Herbst 1998 hielt.[164] In dieser Rede wandte sich Walser ganz in der Tradition des Schuldabwehr-Antisemitismus gegen eine kritische Reflexion der Vergangenheit und die »Moralkeule« Auschwitz, deren Allgegenwärtigkeit er halluzinierte. Er sprach von einer »Dauerpräsentation

163 Vgl. Silbermann/Stoffers 2000.

164 Vgl. Walser 1998.

unserer Schande« und einer »Instrumentalisierung unserer Schande zu gegenwärtigen Zwecken«, von einem »grausamen Erinnerungsdienst« und einer »Routine des Beschuldigens« in den Medien, wobei er selbst bei seiner Rede »vor Kühnheit« zittere.[165]

Und in der Tat wurde die Rede nicht mehr – wie bei vergleichbaren Anlässen zuvor – eindeutig und unmissverständlich von politischen und gesellschaftlichen Autoritäten als nicht-tolerierbar zurückgewiesen oder Walser gar als außerhalb des demokratischen Konsens stehend interpretiert. Seit Walsers Paulskirchen-Rede stieg nicht nur die Zahl der antisemitischen Schmähbriefe, die wöchentlich beispielsweise beim Zentralrat der Juden eingehen, sondern sehen sich auch zahlreiche Bürgerinnen und Bürger bestärkt, nicht mehr anonym, sondern mit voller Anschrift versehen ihren antisemitischen Affekten freien Lauf zu lassen. Denn ein großer Teil der Bevölkerung, so resümierte Ignatz Bubis seinerzeit, denke bereits seit langem wie Walser und wolle somit unter die NS-Vergangenheit einen »Schlussstrich« ziehen, um unbelastet von Erinnerung und Gedenken in die Zukunft blicken zu können.[166] Dass diese Analyse zutraf, zeigte auch eine repräsentative FORSA-Umfrage im Auftrag der Zeitung *Die Woche* aus dem Mai des Jahres 2000, die ergab, dass tatsächlich 62 Prozent der West- und 49 Prozent der Ostdeutschen meinten, dass es Zeit werde, »unter den Nationalsozialismus einen Schlussstrich« zu ziehen.

Aufgrund des sich durch die Walser-Rede und ihre Rezeption abzeichnenden gesellschaftlichen Wandels führten die Erziehungswissenschaftler Klaus Ahlheim und Bardo Heger eine empirische Untersuchung zu Antisemitismus und NS-Vergangenheit unter Studierenden an der Universität Essen durch.[167] Die Studie belegte ebenfalls die Ver-

165 Vgl. ebd.

166 Bubis 1999: 59.

167 Ahlheim/Heger 2002a.

breitung einer »Schlussstrich-Mentalität«, die gepaart mit einem Wunsch nach »Normalität« und neuem Nationalstolz auf Motive des schuldabwehrenden Antisemitismus aufbaut. Mehr als ein Drittel der befragten Studierenden stimmten der Aussage zu, es werde Zeit, dass »unter die nationalsozialistische Vergangenheit ein Schlussstrich gezogen wird«, wobei der Wunsch nach einem neuen nationalen Selbstbewusstsein eng mit dieser Schlussstrich-Mentalität verbunden ist.[168]

Dass Juden zu viel Einfluss in der »Geschäftswelt« hätten, empfanden einer Erhebung der Anti-Defamation League zufolge Mitte des Jahres 2002 32 Prozent der Deutschen, während 21 Prozent »den Juden« nachsagten, eher gewillt zu sein, »shady practices« zur Durchsetzung ihrer Ziele einzusetzen als andere Menschen. Und 24 Prozent vertraten die Auffassung, Juden würden sich nicht dafür interessieren, was anderen (nichtjüdischen) Menschen geschieht. Die deutlichste Zustimmung erzielte jedoch mit 55 Prozent die Behauptung, (deutsche) Juden würden ein größeres Maß an Loyalität gegenüber Israel haben als gegenüber Deutschland. Und während es 1999 noch eine Mehrheit von 56 Prozent aller Deutschen als unverständlich empfand, dass manchen Leuten Juden unangenehm sind (2002: 38 Prozent), so fanden im April 2002 bereits 36 Prozent der Deutschen die Äußerung verständlich, gegenüber 20 Prozent im Jahre 1999.[169] Jeder fünfte Deutsche wies in dieser Erhebung »den Juden« die Schuld an großen Weltkonflikten zu.

Nach einer repräsentativen Erhebung aus dem April 2002 vertraten 28 Prozent der Deutschen die Auffassung, der Einfluss »der Juden« sei »zu groß«, wobei die Zustimmung zu dieser These in den letzten vier Jahren vor allem in Westdeutschland gewachsen ist: von 14 Prozent im Jahre

168 Vgl. ebd.: 24ff.

169 Vgl. Brähler/Richter 2002: 2.

1998 auf 31 Prozent im Jahre 2002.[170] 20 Prozent der Befragten stimmten der Aussage zu, »die Juden« hätten etwas »Besonderes und Eigentümliches an sich« und würden nicht »zu uns« passen, während 23 Prozent behaupteten, Juden würden mehr »mit üblen Tricks« arbeiten, um ihre Ziele durchzusetzen, als andere Menschen.[171] Auch die Langzeitstudien zu »Gruppenbezogener Menschenfeindlichkeit« (GMF) der Universitäten Bielefeld und Marburg belegen diese Zunahme von schuldabwehrendem Antisemitismus: Als man im Rahmen des GMF-Surveys 2004 Befragten die Aussage vorlegte, »Ich ärgere mich darüber, daß den Deutschen auch heute noch die Verbrechen an den Juden vorgehalten werden«, stimmten dieser 44,5 Prozent »voll und ganz zu« und weitere 23,8 Prozent stimmten ihr »eher zu«; der Satz »Ich bin es leid, immer wieder von den deutschen Verbrechen an den Juden zu hören« fand »voll und ganz« Zustimmung bei 41,3 Prozent der Befragten, die abgestufte Zustimmung fand er zudem bei weiteren 20,9 Prozent.

Zu ähnlichen Ergebnissen kamen in den Folgejahren auch immer wieder die Befragungen des American Jewish Committee (AJC) und der Anti-Defamation League (ADL): Während einer AJC-Studie aus dem Jahr 2005 zufolge 42 Prozent der Deutschen der Aussage »Jews are exploiting the memory of the Nazi extermination of the Jews for their own purposes« zustimmten, weist die Anti-Defamation League für das Jahr 2012 für eine sehr ähnliche Aussage (»Jews still talk too much about what happened to them in the Holocaust«) fast denselben Zustimmungswert aus: 43 Prozent. Und auch wenn die Zustimmung zu dieser Frage zwei Jahre später (2014) leicht sank, zeigte gerade der durchgeführte Vergleich, wie drastisch weitreichend schuldabwehrender Antisemitismus in Deutschland verankert ist: in Großbritannien lag die Zustimmung bei 20 Prozent, in

170 Vgl. Niedermayer/Brähler 2002: 8ff.

171 Vgl. ebd.: 11f.

Frankreich bei 29 Prozent, in Deutschland hingegen bei 37 Prozent.

Und der Bericht des Zweiten Unabhängigen Expertenkreises Antisemitismus des Deutschen Bundestages wies für das Jahr 2014 ähnliche Werte im Bereich des Schuldabwehr-Antisemitismus in der deutschen Bevölkerung nach: So stimmten der Aussage »Ich ärgere mich darüber, dass den Deutschen auch heute noch die Verbrechen an den Juden vorgehalten werden« 30 Prozent der Befragten voll/überwiegend und weitere 25 Prozent teilweise zu. Der Aussage »Ich bin es leid, immer wieder von den deutschen Verbrechen an den Juden zu hören« stimmten 27 Prozent zu, weitere 21 Prozent hielten sie teilweise für richtig. Und in der ALLBUS-Erhebung des Jahres 2016 stimmten mehr als 15 Prozent der Befragten der Aussage »Viele Juden versuchen, aus der Vergangenheit des Dritten Reiches heute ihren Vorteil zu ziehen und die Deutschen dafür zahlen zu lassen« »völlig zu«, weitere 26 Prozent weitgehend bzw. teilweise. Ende 2019 ergab eine Studie des Jüdischen Weltkongresses, dass 41 Prozent der Deutschen der Auffassung sind, Juden würden zu viel über den Holocaust sprechen, eine fast zeitgleich durchgeführte Studie der Anti-Defamation League ergab zu der selben Frage 42 Prozent Zustimmung.

Die Bereitschaft zur öffentlichen Kommunikation antisemitischer Ressentiments ist – trotz zahlreicher rituell wiederholter Beschwörungen von Seiten der Politik – in den letzten Jahren keineswegs geringer geworden. Vielmehr das Gegenteil ist der Fall: Spätestens seit der Paulskirchen-Rede von Walser ist eine zunehmende Bereitschaft in der deutschen Bevölkerung festzustellen, antisemitische Ressentiments öffentlich zu kommunizieren. Lars Rensmann spricht angesichts dieser schrittweisen Normalisierung der Bereitschaft zur öffentlichen Artikulation von antisemitischen Ressentiments von einer »Erosion der Grenzziehungen«,[172] Kurt Grünberg von einer »Rehabilitierung des Antisemitismus«.[173] Foren für antisemitische Ressentiments bieten sich vielfältig, neben Leserbriefen an Zeitungen oder im Internet geben hiervon auch die regelmäßig an jüdische Einrichtungen in Deutschland gerichteten Diffamierungsschreiben unterschiedlicher emotionaler Deutlichkeit Zeugnis, die seit einiger Zeit mehrheitlich nicht mehr anonym, sondern mit voller Anschrift und oft auch mit Nennung zahlreicher biografischer und persönlicher Daten daherkommen. Monika Schwarz-Friesel und Jehuda Reinharz haben diese Entwicklung in umfangreichen empirischen Studien dokumentiert[174] und dabei auch deutlich gemacht, dass neben den Zuschriften an jüdische (und israelische) Institutionen der antisemitische Radikalisierungsprozess auch maßgeblich in Internet-Foren vollzogen wird, also durch die Möglichkeiten des Web 2.0 eine Stabilisierung und Radikalisierung antisemitischer Weltbilder stattfindet.[175]

Seit den islamistischen Terroranschlägen von 9/11, aber noch weiter verstärkt durch die Rechtsradikalisierung der bundesdeutschen Gesellschaft und ihre Repräsentation durch eine rechtsextreme Partei in allen Länderparlamenten und im Deutschen Bundestag, die in umfangreichem Maße antisemitische Positionen vertritt und gerade das antisemitischen Motiv der Schuldabwehr und der Täter-Opfer-Umkehr paradigmatisch in ihrem Weltbild verfolgt,[176] lassen sich in jüngster Zeit mindestens drei Momente mit Blick auf die antisemitische Selbstfindung der deutschen Gesellschaft herausstellen: die Entgrenzung, die Trivialisierung und die Bagatellisierung von Antisemitismus. Was heißt das? Die Entgrenzung sah man exemplarisch im

172 Rensmann 2004: 498.

173 Grünberg 2002.

174 Schwarz-Friesel/Reinharz 2013.

175 Vgl. Schwarz-Friesel 2019; siehe auch Becker 2018.

176 Vgl. Salzborn 2018a.

Sommer 2014, als unter Federführung von palästinensischen Organisationen in zahlreichen deutschen Städten AntisemitInnen aller Couleur gemeinsam demonstriert haben – neben islamistischen AntisemitInnen auch deutsche Neonazis und linke AntiimperialistInnen. Sind diese AntiimperialistInnen auch nur ein marginaler Flügel in der deutschen Linken, so zeigt das Beispiel eine Entgrenzung, bei der das antisemitische Weltbild so zentral geworden ist, dass alle anderen weltanschaulichen Differenzen zurücktreten.

Hieran schließt sich die Trivialisierung an: Die heute dominante Form des Antisemitismus richtet sich gegen Israel, nur allzu gern versuchen AntisemitInnen, sich hinter der Formel, dass Israelkritik doch nicht Antisemitismus sei, zu verstecken und auf diese Weise Antisemitismus zu trivialisieren. Dabei ist der Unterscheid leicht zu erkennen: Wenn der israelische Staat delegitimiert werden soll, seine Politik dämonisiert wird, oder wenn doppelte Standards bei der Bewertung israelischer Politik angelegt werden, handelt es sich nicht um Kritik, sondern um Antisemitismus. Wer heute als Antisemit behauptet, er werde nur von der Kritik zu einem solchen »gemacht«, trivialisiert ihn. Versucht man also, den antiisraelischen Antisemitismus theoretisch zu fassen, dann drückt sich dieser zwar vor allem in der Dämonisierung, Delegitimierung und Doppelstandardisierung von Israel aus, das explizit oder implizit mit Juden ident gesetzt wird, wobei eben gerade auch hier eine historische, schuldabwehrende und gegenwartsbezogene Täter-Opfer-Umkehr in dem Ansinnen erfolgt, Israel zur Projektionsfläche für den Hass auf die und die Angst vor der modernen Ambivalenz und ihrer Konkretisierung im abstrakten Denken und konkreten Fühlen als jüdischen und modernen Staat mit seiner pluralistischen Gesellschaft zu machen.

Schließlich als dritte Facette die Bagatellisierung: AntisemitInnen wenden sich nicht nur gegen Jüdinnen und

Juden, sondern gegen alles, was die moderne, aufgeklärte Welt kennzeichnet: gegen Freiheit und Gleichheit, Urbanität und Rationalität, Emanzipation und Demokratie. Deshalb ist der Kampf gegen Antisemitismus stets auch ein Kampf um die Demokratie. Jüdische Kritik wird oft einfach vom Tisch gewischt, als sei nicht der Antisemitismus das Problem, sondern die, die von ihm betroffen sind. Insofern ist die antisemitische Bedrohung seit 9/11 gerade in Europa und Deutschland auch eine doppelte: einerseits durch den virulenten islamistischen und rechtsextremen Terrorismus, andererseits aber auch durch das oft viel zu laute Schweigen der DemokratInnen.

5

Dethematisierungen der Shoah und ihrer TäterInnen: der deutsche Opfermythos

Die schuldabwehrende Täter-Opfer-Umkehr als zentrales Motiv der Geschichte der bundesdeutschen Erinnerungspolitik basiert auf zwei sich wechselseitig bedingenden psychischen Mechanismen. In diesen verbinden sich antisemitische Projektionen mit Formen der konkreten Verleugnung und Derealisierung von Schuld und Verantwortung mit Blick auf die Täterschaft auf der einen und abstrakter Mythologisierung und Entkontextualisierung mit dem Ziel der Konstruktion eines kollektiven Opfermythos auf der anderen Seite. Psychologisch werden auf diese Weise Bedürfnisse und Triebregungen integriert, die sich wechselseitig entlasten und zugleich das unbewusst Verdrängte oder bewusst Verleugnete der Erinnerung projizieren: »Man wird damit den Anforderungen des eigenen Über-Ichs gerecht und findet zugleich Anlässe, unter dem Titel legitimer Strafe die eigenen aggressiven Neigungen auszulassen.«[177] Die scheinbar unzusammenhängenden Debatten über die Frage der deutschen Täterschaft und der konkreten Taten sowie die um den reklamierten kollektiven Opferstatus für die Deutschen bilden insofern psychologisch eine integrative Einheit, die eine kann nicht ohne die andere gedacht werden, will man nicht einer positivistischen Verklärung anheimfallen, die die jeweiligen Entlastungsnarrative als Wahrheit verkennen würde.

Im Land der TäterInnen von den konkreten Taten und der realen Beteiligung der Deutschen an der Massenvernichtung der europäischen Juden zu sprechen, war lange Zeit alles andere als opportun. Nicht nur im öffentlichen und gesellschaftlichen Bereich, sondern auch im wissenschaftlichen Kontext war man bis vor wenigen Jahren darum bemüht, die Täterinnen und Täter der Shoah aus dem deutschen Alltag herauszuredigieren: Mal galten sie als wahnsinnige Monster oder brutale Bestien, mal als interessen- und emotionslose SchreibtischtäterInnen, mal als kriminelle oder asoziale Elemente und nicht selten betrachtete man die Shoah als das Produkt einer kleinen politischen oder gar wirtschaftlichen NS-Führungselite.[178]

In den ersten Jahren nach Ende des Zweiten Weltkriegs war zunächst eine Tendenz der »Distanzgewinnung durch Exterritorialisierung, Kriminalisierung und Diabolisierung«[179] zur Shoah vorherrschend, sodass sie in der zeitgeschichtlichen Forschung der frühen Bundesrepublik keine nennenswerte Rolle spielte und sogar »vielfach geleugnet oder gar nicht zur Kenntnis genommen« wurde, wie Gerhard Paul umfassend herausgearbeitet hat: Die NS-Massenverbrechen tauchten öffentlich allenfalls als nebulöse Realität auf, in der weder von konkreten Menschen (Opfern und TäterInnen), noch von den konkreten Orten der Verbrechen gesprochen wurde. Man sprach sich zwar mit

177 Adorno 1955: 232.

178 Vgl. Paul 2002a.

179 Paul 2002b: 16.

»Pathos [...] gegen den vergangenen Terror« aus,[180] exterritorialisierte die TäterInnen aber und schrieb die Verbrechen kleinen, außerhalb der Gesellschaft stehenden Gruppen zu, die als »dämonische Führungspersonen« oder »kriminelle Exzesstäter« beschrieben wurden.[181] Verbunden hiermit war die Tendenz, Menschen nicht als aktive Akteure wahrzunehmen, sondern die TäterInnen selbst zu Opfern zu machen: zu Opfern eines »behaupteten Befehlsnotstandes«, die selbst Unterdrückungsmechanismen ausgesetzt gewesen seien.[182]

Im Laufe der Zeit wandelte sich dieser gesellschaftliche und wissenschaftliche Prozess der Distanzgewinnung – bei dem es nur vordergründig und instrumentell um die TäterInnen ging, von denen man sich in unterschiedlicher Weise exkulpieren wollte, dabei aber nie über die tatsächlichen Opfer des Nationalsozialismus sprach. Statt von pathologischen Störungen zu sprechen, wurde zu Beginn der 1960er bis Anfang der 1980er Jahre zunehmend eine Strategie der »Distanzgewinnung durch Entpersonalisierung und der Abstrahierung«[183] mit Blick auf deutsche Täterschaft verfolgt. Die Täter galten nun nicht mehr als wahnsinnige und brutale MörderInnen, sondern als willenlose, in den Strukturen des Regimes gefangene SchreibtischtäterInnen, die aus einer kalten bürokratischen Distanz den Massenmord als einen Akt der Verwaltung vollstreckten. Dieses Bild gewann eine solche Wirkmächtigkeit, dass ebenfalls selten von den konkreten Taten oder den konkreten TäterInnen gesprochen wurde und die Shoah begann, sich als »Automatismus ohne Menschen, vor allem ohne Täter« darzustellen.[184] Damit bestand für die »normalen Deutschen« wieder die Möglichkeit, sich zu distanzieren, ohne die

180 Ebd.

181 Ebd.: 17.

182 Ebd.: 18.

183 Ebd.: 20.

184 Ebd.

Taten leugnen zu müssen. Parallel zu dieser Form der Täterforschung gewann in der deutschen Geschichts- und Sozialwissenschaft eine Interpretation des Nationalsozialismus an Bedeutung, die abstrakte Strukturen und Herrschaftsmechanismen analysierte und allgemeine Charakteristika des Faschismus herausarbeiten wollte, ohne dabei die Spezifik des deutschen Nationalsozialismus und der Massenvernichtung der europäischen Juden zu reflektieren.[185] Besonders ausgeprägt war eine solche Lesart nicht nur in Westdeutschland, sondern mehr noch in der damaligen DDR, in der (von wenigen Ausnahmen abgesehen) die konkreten TäterInnen ebenso ausgeblendet und ihre Taten als allgemein in den kapitalistischen Strukturen begründet angesehen wurden, wobei die Shoah fast als Fußnote neben Kapital- und Profitinteressen verschwand.[186]

Erst mit der Kontroverse um Daniel Jonah Goldhagens Buch *Hitlers willige Vollstrecker* rückte Mitte der 1990er Jahre die Frage nach den TäterInnen und ihren Motiven jenseits von Exkulpationsstrategien in den Mittelpunkt des Interesses – obgleich auch diese Debatte noch nachhaltig von Abwehrreflexen und Entlastungsphrasen geprägt war. Zwar hatten die (frühen) Arbeiten von Raul Hilberg[187] und Christopher R. Browning[188] bereits erste Ansätze geliefert, die TäterInnen und Taten konkret wahrzunehmen, doch erst die Arbeit von Goldhagen markierte einen tatsächlichen Perspektivenwechsel in der Auseinandersetzung über die TäterInnen der Shoah. Seither beginnt sich langsam eine kritische Täterforschung auch in der Bundesrepublik zu etablieren (nachdem die wenigen wichtigen Studien zum Thema fast ausnahmslos von nichtdeutschen Autoren verfasst worden waren), die darauf orientiert ist, präzise und

185 Vgl. ebd.: 30f.

186 Vgl. Wendler 2017.

187 Hilberg 1961.

188 Browning 1992.

detailliert die Interessen und Handlungsspielräume auszuloten und konkretisiert wie differenziert die einzelnen Tätergruppen der Shoah unter die Lupe zu nehmen.

Die zentralen Forschungsergebnisse zu dieser Frage hat Gerhard Paul in dem von ihm herausgegebenen Band *Die Täter der Shoah. Fanatische Nationalsozialisten oder ganz normale Deutsche?* zusammengetragen.[189] Auf Grundlage verschiedener Studien über einzelne Tätergruppen (Konzentrationslager-SS, Ordnungs- und Sicherheitspolizei, Wehrmacht, Zivilverwaltung) wird in dem Band das Bild eines mit der Dauer des Krieges zunehmend heterogenen Vernichtungspersonals und das einer »arbeitsteiligen Kollektivtat in europäischer Dimension« gezeichnet.[190] Hiernach sind die TäterInnen der Shoah in unterschiedliche Gruppen zu differenzieren: die »Weltanschauungstäter«, die »utilitaristisch motivierten Täter«, die »kriminellen Exzesstäter« und die »traditionellen Befehlstäter«.[191]

Der »Weltanschauungstäter« wusste genau, was er wollte, und handelte nach diesen Prämissen. Er verstand sich als »Exekutor der rassistischen NS-Weltanschauung« und war in allen gesellschaftlichen und politischen Bereichen zu finden, also ebenso unter den »Planern und Befehlshabern der Mordtaten« wie bei den Angehörigen der Polizeibataillone und Wehrmachtseinheiten.[192] Der »utilitaristisch motivierte Täter«, der insbesondere im Bereich der »Zivilverwaltungen des Ostens und der Wehrmacht« zu finden war, folgte einer antisemitischen Vernichtungslogik und handelte aus dem Wahn heraus, die »Reproduktionsgrundlage des deutschen Volkes« sicherstellen zu müssen.[193] Der »kriminelle Exzesstäter« hingegen wurde vorrangig durch »sexuelle und materielle Motive« zu seinen

189 Vgl. Paul 2002a.

190 Paul 2002b: 62.

191 Ebd.: 61.

192 Ebd.

193 Ebd.

Taten motiviert, wobei der Antisemitismus bei diesem (auf allen Ebenen der unmittelbar am Massenmord beteiligten Gruppen anzutreffenden) Täterprofil »weniger als Handlungsmovens denn als Legitimationsfassade« angesehen werden muss.[194] Dem »traditionellen Befehlstäter« wiederum gab der Antisemitismus zwar die Stoßrichtung seines Handelns vor, jedoch wurde dieser vor allem durch autoritative Unterwürfigkeitsmanifestationen konkret aktiv.[195]

Weil sich im »Vollzug der Shoah« die (durchaus differenten) privaten Bedürfnisse der Täter miterfüllten, bekam die Massenvernichtung Schubkraft und ermöglichte die »Exekution eines Feindbildes zum privaten Gebrauch«, wie Klaus-Michael Mallmann betont hat.[196] Walter Manoschek hat in diesem Zusammenhang einen analytisch gestützten Ansatz der Sozialpsychologie in Erinnerung gerufen und auf die Potenziale eines autoritarismustheoretischen Modells zur Klärung der gesellschaftlichen Einbindung der TäterInnen verwiesen.[197] Die mit diesem verfolgte integrative Perspektive verknüpft weltanschaulich-programmatische mit gesellschaftlich-sozialen und individuell-biografischen Aspekten. Rolf Pohl hat in diesem Kontext auf das Wechselspiel von Normalität und Pathologie – zwischen denen weder klinisch noch sozialpsychologisch ein klarer Gegensatz festzustellen sei – als zentrales psychologisches Moment der antisemitischen NS-Gewalt hingewiesen, da die psychotischen Elemente »zu einem massenpathologischen Phänomen im Rahmen einer umdefinierten gesellschaftlichen Normalität wurden, in die der Wahnsinn eingelagert war«.[198] Hass und Zerstörung wirkten gerade deshalb so banal, weil sie zum »Normalen« geworden waren und stellten, in den

194 Ebd.

195 Ebd.

196 Mallmann 1992: 126.

197 Manoschek 1992: 176.

198 Pohl 2001: 106.

Worten von Isidor J. Kaminer, so etwas dar wie den »Wahnsinn der ›Gesunden‹«, da der Wahn Teil der gesellschaftlich hegemonialen Normalität geworden war.[199]

Während die deutsche Täterschaft insofern im geschichts- und sozialwissenschaftlichen Kontext inzwischen differenziert diskutiert wird und mit Frank Bajohr und Andrea Löw von einer großen Ausdifferenzierung der Forschung gesprochen werden kann,[200] findet diese wissenschaftliche Debatte gesellschaftlich nur marginalen Widerhall – zu sehr ist die bundesdeutsche Gesellschaft prädominiert von einer schuldentlastenden Selbsterzählung, zu intensiv sind die Täterbiografien in so gut wie jede einzelne Familiengeschichte in Deutschland eingeschrieben – und zu fest verankert ist der Mythos einer kollektiven Unschuld der Deutschen, der maßgeblich von der Wahrnehmung von Flüchtlingen und Vertriebenen aus den ehemaligen deutschen Ostgebieten geprägt wurde, die als ideelles Leitbild des deutschen Opfermythos fungieren.

Ziel der Debatten um einen deutschen Opferstatus war und ist es, Deutsche generell als Opfer des Nationalsozialismus darzustellen und dabei zu behaupten, der Nationalsozialismus sei die Vorgeschichte von Flucht und Vertreibung gewesen (und nicht umgekehrt: diese seine Nachgeschichte) und die Vertreibung sei nicht nur moralisch, sondern auch politisch und vor allem rechtlich zu verurteilen. Ungeachtet aller moralischen und humanen Fragen war die Vertreibung völkerrechtlich legal und politisch eine legitime Konsequenz auf die deutsche Vernichtungspolitik in Osteuropa. In der geschichtsrevisionistischen Position hingegen kulminierte der Mythos kollektiver Unschuld um die Jahrtausendwende in dem Willen der deutschen Vertriebenenverbände, ein deutsches Opferzentrum in Berlin zu errichten – ein »Zentrum gegen Vertreibungen«: In »geschichtlicher und räumlicher Nähe«

199 Kaminer 1997: 389.

200 Bajohr/Löw 2015.

zum Holocaust-Mahnmal – so die damalige CDU-Bundestagsabgeordnete und Präsidentin des Bundes der Vertriebenen (BdV) Erika Steinbach – sollte dieses »Zentrum gegen Vertreibungen« entstehen.[201] Konzeptionelles Vorbild für das Projekt sei das Holocaust Memorial Museum in Washington. Diese Aussage war an Deutlichkeit kaum zu überbieten: Man sucht die »geschichtliche« Nähe zum deutschen Massenmord an den europäischen Juden, genauer gesagt: die Nähe zu deren Opferstatus. Steinbach formulierte das so: »Im Grunde genommen ergänzen sich die Themen Juden und Vertriebene miteinander. Dieser entmenschte Rassenwahn hier wie dort, der soll auch Thema in unserem Zentrum sein.«[202]

Dieser Vergleich ist die vollkommene Verdrehung der Geschichte. Denn die Vertreibung der Deutschen war eine Reaktion auf den Nationalsozialismus, die NS-Volkstumspolitik und die Shoah. Entgegen der Politik der Nazis wurde sie im Potsdamer Abkommen (Artikel XIII) völkerrechtlich verbindlich festgelegt. Und auch die Vokabel »Rassenwahn« ist bezüglich der Umsiedlung von Deutschen unangemessen und historisch falsch, denn diese erfolgte nicht aus rassistischen, sondern antinazistischen Gründen und sollte das künftige Konfliktpotenzial in Osteuropa verringern. Schließlich hatten die deutschen Minderheiten (oder »Volksdeutschen«, wie es damals hieß – also diejenigen, die später zu »Vertriebenen« wurden) in Osteuropa während des Nationalsozialismus soziale und politische Konflikte geschürt,[203] und dadurch aktiv Anteil an der nationalsozialistischen Germanisierungspolitik. Der von der großen Mehrheit der Sudetendeutschen geführte Volkstumskampf gegen die tschechoslowakische Demokratie ist hier sicher das bekannteste Beispiel.[204] Diese Politik der

201 Vgl. Wonka 2000.

202 Zit. n. ebd.

203 Vgl. Salzborn 2000: 22ff.

204 Vgl. Zimmermann 1999.

völkischen Destabilisierung bildete die zentrale Grundlage der NS-Außenpolitik, zumindest so lange, wie diese ihre Interessen nicht auf militärischem Weg verfolgt hat. Die Volkstumspolitik, die zur Umsiedlung der Deutschen führen sollte, war ein zentraler Aspekt der Vorbereitung und Umsetzung der deutschen Eroberungs- und Vernichtungspolitik.

Forschungen im Bereich der Sozialgeschichte haben überdies einen strukturellen Zusammenhang zwischen deutscher Volkstums- bzw. Minderheitenpolitik in Osteuropa und der Massenvernichtung der europäischen Juden belegt.[205] Dass die Germanisierungspolitik die Kehrseite der Vernichtung der europäischen Juden war, da die – wie es im NS-Jargon hieß – »völkische Flurbereinigung« den Platz für Volksdeutsche schaffen sollte, also ein Großteil der späteren Flüchtlinge mindestens passiv (wie viele historische Studien zeigen oftmals aber auch aktiv[206]) an der völkisch-antisemitischen Besatzungs- und Vernichtungspolitik Anteil hatte, wurde in der Debatte gern ausgeblendet.

Wenn die deutschen Vertriebenen sich mit einem »Zentrum gegen Vertreibungen« selbst kollektiv als Opfer einer ethnischen Politik darstellen wollen, dann vergessen oder leugnen sie, dass die völkische und antisemitische Politik von Nationalsozialisten und deutschen Minderheiten betrieben wurde und dass die Entscheidung auf alliierter und assoziierter Seite, die deutschen Minderheiten auszusiedeln, im damaligen Verständnis eben antinazistisch und keineswegs ethnisch motiviert war. Die moralisch zweifelsfrei zu verurteilenden Grausamkeiten während der Vertreibung ändern nichts am historisch grundsätzlich legitimen und legalen Charakter der Umsiedlung. Bemerkenswert an dieser Projektion ist der indirekt artikulierte

205 Vgl. Haar 2000: 485ff.; Heinemann 2003.

206 Siehe hierzu die Übersicht über den Forschungsstand zu den einzelnen Ländern bei Salzborn 2005: 81.

Wunsch, ein Opfer zu sein, da der Status des Opfers in geschichtspolitischen Debatten oftmals wie ein Adelstitel *wirkt* – und das, obgleich jedes Opfer von Gewalt sich wünschen würde, diese nie erlitten zu haben, da der Opferstatus *real* alles andere als wünschenswert ist. Der projektive Neid drückt sich in Bezug auf den Nationalsozialismus dann wiederum in der in zahlreichen empirischen Studien als Einstellung nachgewiesenen Auffassung aus, Juden würden versuchen, Profit aus der NS-Vergangenheit zu ziehen.

Insofern kann man mit Béla Grunberger sagen, dass »die Projektionen des Antisemiten den Kern seiner Konflikte bilden und dass dieser zentrale Kern nicht weiter auflösbar ist«.[207] Es geht damit einerseits um die Abwehr von (so empfundener) Minderwertigkeit und von Schuld – das eigene Schlechte wird dabei ebenso auf die Juden projiziert wie der Neid auf vermeintliche oder reale Fähigkeiten und Erfolge von Juden.[208] Damit steht neben dem Autoritarismus und der Identifizierung mit der non-personalen Autorität »deutsche Nation« sowie dem Verschmelzungswunsch nach Teilhaben und Teilwerden mit diesem als mächtig halluzinierten Kollektiv als weiteres Element der Narzissmus im Mittelpunkt: die frühkindliche Omnipotenzphantasie, der »Gotteskomplex«[209], also der Wille, übermächtig und unsterblich zu sein, der permanent im Alltag enttäuscht und damit zur narzisstischen Kränkung wird. Juden werden dabei in der völkisch-antisemitischen Phantasie, die dem zugrunde liegt, als verachtenswert imaginiert, weil sie in der antisemitischen Phantasie die gewünschte Allmacht haben, und *zugleich*, weil alle eigenen psychisch unangenehmen (unbewussten) Elemente dieser Größenphantasie (das »eigene Schlechte«) in sie hineinverlagert wird, was Béla Grunberger und Pierre Dessuant auf

207 Grunberger 1962: 256.

208 Vgl. Grünberg 2002.

209 Richter 1979.

den treffenden Begriff der »projektiven Identifizierung«[210] gebracht haben:

> »Schrecken und Faszination bestehen nebeneinander. [...] [D]er Antisemit [hat] Angst vor dem [...], was in ihm selber steckt: Er projiziert auf den Juden seine eigene, nicht integrierte anale Triebregung.«[211]

Der Nationalsozialismus ist in der deutschen Opferdebatte ein entkonkretisiertes Artefakt; denn würde man über die Fakten sprechen, also Volkstumspolitik und Vernichtung, wäre klar, dass der eingeforderte kollektive Opferstatus der Deutschen historisch nicht haltbar ist. Darüber hinaus werden die Gräuel des Nationalsozialismus zwar abstrakt verurteilt, aber feinsäuberlich von der sie umgebenden Geschichte getrennt. Dabei verschwinden Ursache und Wirkung aus der Darstellung, in der Kausalitäten keine anerkannte Kategorie darstellen; es dominieren Zufall und Schicksal, vor allem aber eine Entpersonalisierung der NS-Geschichte. Die Frage danach, wer die Shoah organisiert und durchgeführt hat, wer sie deckte, stützte oder mindestens beschwieg, wird nicht gestellt, und wenn doch vereinzelt, dann verkommt sie entpersonalisiert und entkonkretisiert zu »leeren Gesten«.[212] Und schließlich findet in der Konstruktion einer gegenwärtigen »Deckidentität«[213] eine Vermischung von Realem und Fiktivem, von Individuellem und Kollektivem statt, was in Bezug auf Flucht und Vertreibung die Generalisierung und damit die moralische Sanktionierung als »Unrecht« ermöglicht.

Durch die Kollektivierung der individuellen Geschichten soll der historische Kontext revidiert werden. Einerseits

210 Grunberger/Dessuant 2000: 329.

211 Ebd.: 335.

212 Hagemann 2015: 77.

213 Brainin u. a. 1993: 64.

werden so die Ursachen von Flucht und Umsiedlung negiert, andererseits zugleich die Legitimität ihrer Folgen infrage gestellt. Denn die Delegitimation der antinazistischen Neuordnung Europas nach der Niederschlagung des Nationalsozialismus durch die Alliierten wird erst durch die Zerlegung der Geschichte in scheinbar unzusammenhängende Zufälle möglich; erst wenn Flucht, Vertreibung und Umsiedlung der Deutschen nicht mehr im Kontext des Nationalsozialismus gedacht werden, besteht die Möglichkeit der moralischen Entlastung und damit der Forderung nach ihrer kollektiven Sanktionierung als Unrecht. Auf diese Weise findet zugleich auch eine Entpolitisierung der Geschichte statt, denn sie wird nicht mehr in ihren kausalen Zusammenhängen und Kontexten dargestellt und interpretiert.

Der diesem Prozess innewohnende Hang zur Moralisierung, der sich am deutlichsten daran zeigt, dass von rechter Seite in Deutschland nur äußerst selten sachlich über Flucht und Umsiedlung der Deutschen gesprochen werden kann, ohne dabei in Termini des Größenwahns zu verfallen, ist aber notwendigerweise auch Teil der bewussten politischen Strategie. Denn diese im Sinne einer enthistorisierten Politik entpolitisierte Argumentation erhofft sich gerade durch ihren Appell an das Gefühl und an die Moral Zustimmung.

Es handelt sich dabei um einen Prozess, den Sabine Moller als »Entkonkretisierung«[214] beschrieben hat – eine Moralisierung, bei der alles mit allem vergleichbar wird, weil die Fakten bis zur Sinnleere entstellt sind. Die Komplexität der historischen Wirklichkeit wird durch emotionale Regression auf omnipräsent scheinende Fragmente reduziert. So greift jede Analogie, da ihre Adressaten sich keines erkenntnis- und bewertungstheoretischen Kontextes der Aussage mehr bewusst sind, sondern geschichtliche

214 Moller 1998.

Ereignisse lediglich nach den Kriterien von »Gut« und »Böse« unterscheiden, ohne deren Kontexte und politische Motivationen zu berücksichtigen.

Am besten wird dieser Vorgang durch jüngere Untersuchungen zur Erinnerung an Nationalsozialismus und Shoah im deutschen Familiengedächtnis veranschaulicht,[215] die gezeigt haben, dass die Kinder und Enkel der Nazi-Täter ihre Eltern bzw. Großeltern zu Opfern stilisieren, da sie einerseits kein Wissen über die NS-Vergangenheit und die Shoah haben und zugleich die Eltern bzw. Großeltern als Opfer von Bespitzelung, Terror, Krieg, Bomben und Gefangenschaft wahrgenommen werden. Da die Kinder- und Enkelgeneration der NS-Täter Letzteres moralisch verurteilt und für »schlecht« und »böse« hält, werden die eigenen Eltern und Großeltern zu Widerstandskämpfern und Opfern des Nationalsozialismus umgedeutet.

Während man den Opfern der Shoah und den GegnerInnen des NS-Regimes lange Zeit nicht nur finanzielle Mittel neidete, verweigerte man ihnen auch in einem größeren sozialen Kontext, der über die persönliche und individuelle Ebene hinausgegangen wäre, soziale Anerkennung: Die in den 1990er Jahren geführte Debatte über die bis dahin ausgebliebene Zwangsarbeiterentschädigung zeigte besonders deutlich, wie weit dieser Wahn reichte, NS-Opfer aus der bundesdeutschen Nachkriegsgesellschaft kategorial auszuschließen und sie zu marginalisieren. Dies war vom ersten Tag der Geschichte der Bundesrepublik bei den Flüchtlingen und Vertriebenen aus den von Deutschland annektierten und/oder eroberten »Ostgebieten« grundlegend anders, ja geradezu diametral entgegengesetzt.

Die deutschen Flüchtlinge wurden nicht nur umfangreich entschädigt (wobei die Vokabel hier eine ebenso falsche Konnotation hat wie der Versuch, sich mit diesem Begriff des Massenmordes an den europäischen Jüdinnen

215 Vgl. Welzer u.a. 2002; Lohl 2010; Heinlein 2010.

und Juden entledigen zu können – nur dass hier eben die Perfidität darin liegt, dass die »Entschädigung« nun einer Bevölkerungsgruppe zuteilwurde, die in umfangreichem Maße aktiv Anteil an der Germanisierungs- und Vernichtungspolitik hatte), sondern im politischen Betrieb erheblich aufgewertet (auch hier: die paradox diametrale Reaktion im Vergleich zum Umgang mit den ausgegrenzten und marginalisierten Opfern der Shoah): durch umfangreiche Gesetzeswerke, umfangreich alimentierte Forschung, ein eigenständiges Bundesministerium und eine in die Regierungspolitik eingebundene eigene Partei.

Die Vertriebenenpartei Block der Heimatvertriebenen und Entrechteten (BHE) war kurz nach Gründung der Bundesrepublik Anfang Januar 1950 in Kiel gegründet worden. Den ersten und größten Erfolg erzielte der BHE bei den Landtagswahlen 1950 in Schleswig-Holstein, als er mit über 23 Prozent in den Landtag einzog. Der Landesverbandsvorsitzende und spätere erste Bundesvorsitzende der Partei, Waldemar Kraft, wurde Finanzminister und stellvertretender Ministerpräsident; Hans Adolf Asbach übernahm das Amt des Ministers für Flüchtlingsfragen, Soziales und Arbeit. In der umfangreichsten Untersuchung zur Geschichte des BHE schrieb Franz Neumann zu diesem Erfolg, dass die Partei damit zu »einem Faktor in der deutschen Innenpolitik« geworden sei, der über den »Bundesrat auch die Bundespolitik beeinflussen konnte und der jetzt die Mittel in der Hand hatte, durch intensive Arbeit für die Vertriebenen seinen Wählern zu helfen« und den »lang erwarteten sozialen Aufstieg zu gewähren«.[216] Mehr oder minder große Erfolge in weiteren Bundesländern folgten. Bei der Bundestagswahl 1953 erhielt der BHE (nun erweitert um den Namenszusatz GB/BHE, für: Gesamtdeutscher Block) 5,9 Prozent der Zweitstimmen und zog in den Bundestag ein.

216 Neumann 1968: 38.

Im zweiten Kabinett Adenauer wurde Theodor Oberländer Minister für Vertriebene, Flüchtlinge und Kriegsgeschädigte – eine symptomatische Besetzung des Amtes: Oberländer hatte am Angriff auf die Sowjetunion mit seinem Bataillon »Nachtigall« (als dessen politischer Berater und beaufsichtigender Offizier er fungierte) teilgenommen und mit diesem am 30. Juni 1941 Lwiw erreicht. Zeugenaussagen zufolge verübten Angehörige des Bataillons »Nachtigall« Massaker an der jüdischen Bevölkerung der Stadt und stachelten darüber hinaus die Einwohner von Lwiw zu Pogromen an.[217] Oberländer war bereits am 9. November 1923 mit Hitler zur Feldherrnhalle marschiert. Er war Reichsführer des Bundes Deutscher Osten, Gauamtsleiter der NSDAP, SA-Führer, Leiter des Landesverbandes Ostpreußen des Volksbundes für das Deutschtum im Ausland (VDA), Mitglied des Vorstandes bzw. Beirates der Nord- und Ostdeutschen Forschungsgemeinschaft gewesen. Als »versierter Propagandist der deutschen Ostexpansion«[218] hatte der zweimal promovierte Agrarökonom Oberländer im damaligen Königsberg am Institut für Osteuropäische Wirtschaft, dessen Leitung er Anfang März 1933 übernahm,[219] wesentlich die nationalsozialistische Expansions- und Vernichtungspolitik »wissenschaftlich« mitvorbereitet. Oberländer forderte die »Reinerhaltung der Rasse« und proklamierte, dass die »Eindeutschung der Ostgebiete [...] in jedem Fall eine restlose« sein müsse.[220]

In die zweite Legislaturperiode des Deutschen Bundestages und die Tätigkeit Oberländers als Vertriebenenminister unter Bundeskanzler Konrad Adenauer fiel auch die Krise um die K.O.-Gruppe (K für Kraft, O für Oberländer), die zusammen mit einigen weiteren GB/BHE-Abgeordneten (dem so genannten Ministerflügel) aus koalitions-

217 Vgl. Aly/Heim 1997: 446f.

218 Ebd.: 92.

219 Vgl. Wachs 2000: 35ff.

220 Oberländer 1940.

taktischen Gründen 1955 dem Saarstatut zustimmten. Ein Großteil dieser Abgeordneten, unter ihnen auch Oberländer, wechselten vom GB/BHE zur CDU. Durch diese Spaltung der Fraktion wurde der Niedergang des GB/BHE eingeleitet. Weitere Misserfolge auf parlamentarischer Ebene führten schließlich Anfang 1961 zu einer Fusion des GB/BHE mit der Deutschen Partei (DP) zur Gesamtdeutschen Partei.

Eine ebenfalls wichtige Rolle bei der Selbststilisierung der Deutschen als Opfer nahm das seit dem ersten Kabinett Adenauer bestehende Bundesministerium für Angelegenheiten der Vertriebenen, später Bundesministerium für Vertriebene, Flüchtlinge und Kriegsgeschädigte, ein. Das Vertriebenenministerium wurde von dem christdemokratischen Bundestagsabgeordneten und Vertriebenenfunktionär Hans Lukaschek aufgebaut, dem noch acht weitere Personen im Amt des Vertriebenenministers folgten, bis das Ministerium mit Beginn der sechsten Legislaturperiode und der sozialliberalen Koalition 1969 aufgelöst wurde. Bis dahin waren allerdings drei zentrale Grundlagen für den über die Flüchtlinge und Vertriebenen verfolgten Ausbau des deutschen Opfermythos verabschiedet bzw. abgeschlossen worden: das »Bundesvertriebenengesetz«, das »Lastenausgleichsgesetz« und die *Dokumentation der Vertreibung der Deutschen aus Ost-Mitteleuropa*. Im »Gesetz über die Angelegenheiten der Vertriebenen und Flüchtlinge« (BVFG), das 1953 in Kraft trat, wurden die die Vertriebenen betreffenden juristischen Grundlagen festgelegt. Im BVFG werden allgemeine Definitionen zu den Voraussetzungen für die Inanspruchnahme von Rechten und Vergünstigungen für Vertriebene gegeben und Kriterien für die Vergabe der Vertriebenenausweise festgelegt – einschließlich des grotesken, in Gesetzestext gegossenen und damit Rechtsgültigkeit erlangenden Kuriosums einer »Vererbbarkeit« des Vertriebenenstatus. Ferner wurde die Rolle der Behörden und Beiräte bei der Integration und Verwaltung benannt, die Aufnahme und Eingliederung der Vertriebenen bestimmt, die sozialrechtliche und wirtschaftliche Grundlage für die Umsiedler fixiert sowie die finanzielle Förderung der Kultur und Forschung der Vertriebenen festgelegt.

Das »Lastenausgleichsgesetz« (LAG) wurde 1952 verabschiedet. Als dessen Hauptziel war die »Abgeltung von Schäden und Verlusten, die sich infolge der Vertreibungen und Zerstörungen der Kriegs- und Nachkriegszeit« (LAG § 1) ergeben haben, definiert worden. Aus dem Lastenausgleichsfonds wurden Entschädigungs- und Aufbauzahlungen für die Flüchtlinge geleistet. Zu diesen Entschädigungszahlungen zählten unter anderem solche für Schäden an Besitzständen, den Verlust von Gegenständen, Hausrat, Spareinlagen und anderen privatrechtlichen finanziellen Mitteln. Ferner fielen in diesen Bereich noch Zahlungen für den Verlust von Anteilen an Kapitalgesellschaften und Geschäftsguthaben, an Gewerbeberechtigungen und Urheberrechten. Im Zuge der Aufbauzahlungen wurden Eingliederungsdarlehen für die Flüchtlinge zum Aufbau einer neuen Existenz und Lebensgrundlage bereitgestellt sowie die Einrichtung von Kriegsschadensrenten durchgeführt und Mittel für die Förderung der Berufsausbildung und Umschulung bereitgestellt. Mit einem Leistungsvolumen von gut 130 Milliarden Mark (umgerechnet rund 67 Milliarden Euro) habe der Lastenausgleich in »einem durchaus bemerkenswerten Umfang zur Lösung eines Teils der aus dem Krieg und seinen Folgen erwachsenen Aufgaben« beigetragen[221] – oder, anders gesagt: einen wesentlichen Anteil bei der auch auf finanzieller Ebene massiv betriebenen Täter-Opfer-Umkehr in der bundesdeutschen Geschichte beigetragen.

Die *Dokumentation der Vertreibung der Deutschen aus Ost-Mitteleuropa* wurde im Auftrag des Bundesvertriebenenministeriums von zahlreichen Wissenschaftlern be-

221 Wiegand 1992: 385.

arbeitet und letztlich auch vom Ministerium herausgegeben. Finanziell flossen etwa dreieinhalb Millionen Mark in dieses Großforschungsprojekt, das ungefähr zehn Jahre (1951 bis 1961) zur Forschung in Anspruch nahm, wobei der letzte Band erst 1962 veröffentlicht wurde. Diese mehrbändige *Dokumentation* (fünf Bände, die zum Teil noch in Teilbände untergliedert sind, zuzüglich dreier Beihefte und eines Ortsregisters) umfasste insgesamt mehrere tausend Seiten, auf denen einerseits Erlebnisberichte von Flüchtlingen und Umsiedlern dokumentiert worden waren, andererseits aber auch historische Abhandlungen sowie Quellendokumente ihren Platz fanden.[222] Besonders bedeutsam an der *Dokumentation der Vertreibung der Deutschen aus Ost-Mitteleuropa* ist, dass sie von Anfang an sowohl von den Vertriebenenverbänden, als auch von Bundesregierung und dem Vertriebenenministerium als propagandistisches Kampf- und außenpolitisches Machtmittel geplant wurde. Mathias Beer schrieb in einer Studie zur *Dokumentation*:

> »Man erklärte die Dokumentation zu einer Aufgabe von nationalpolitischer Bedeutung. Es galt, ›das Unrecht von Potsdam‹ anzuprangern und mit Wort und Schrift für die Ostgebiete zu kämpfen. Historiker lieferten dafür nicht nur die wissenschaftlichen Argumente, sondern sie stellten auch das methodische Rüstzeug und ihre Erfahrung zur Verfügung, die sie im Einklang mit der Politik im Rahmen der ›kämpfenden Wissenschaft‹ in der Zwischen- und Kriegszeit gesammelt hatten.«[223]

Die *Dokumentation* sollte »einen Beitrag zur deutschen Schuldrelativierung und damit der Schuldminimierung« leisten, urteilt Beer.[224] Darüber hinaus wurde die *Dokumen-*

222 Vgl. Beer 1998: 345f.

223 Ebd.: 364.

224 Ebd.: 387; siehe hierzu auch Beer 2011.

tation von Wissenschaftlern be- und erarbeitet, die über umfangreiche Karrieren vor 1945 verfügten. Diese Kontinuität lebte fort: »Historiker, deren akademischer Aufstieg in der NS-Zeit begonnen hatte, wirkten nach 1945 daran mit, die komplexe Wirklichkeit des Nationalsozialismus zu verdecken.«[225]

Die Bearbeitung der *Dokumentation* wurde »fast ausschließlich eine Domäne des Königsberger Kreises« unter wesentlicher Federführung von Theodor Schieder, Werner Conze und Hans Rothfels.[226] Der Obersten Parteileitung der NSDAP in München hatte, so Ingo Haar, der »akademische Nachwuchs an der Universität Königsberg als Elitereservoir für den Kampf um ›eine neue deutsche Zukunft‹ im Osten« gegolten.[227] Rothfels war der akademische Lehrer der »Säulenheiligen der modernen Zeit- und Sozialgeschichtsforschung«[228] Schieder und Conze. Während seine Karriere im Nationalsozialismus aufgrund seiner jüdischen Religionszugehörigkeit und »trotz aller Verdienste« beendet wurde (er allerdings wegen seines »nationalpolitischen Engagements als Historiker der radikalen Rechten« nicht persönlich verfolgt wurde), schlossen »seine Schüler ohne sichtbare Reibungsverluste in die akademische Elite des Nationalsozialismus« auf[229] – und bei diesen »Schülern« zeigten sich bemerkenswerte Formen der tradierten Erinnerungsabwehr: Während Schieder und Conze auf der einen Seite nicht nur aktiven Anteil als Wissenschaftler an der NS-Eroberungspolitik hatten und im Nachkriegsdeutschland mit der *Dokumentation der Vertreibung* das wissenschaftliche Monomentalwerk zur Fundierung des deutschen Opfermythos konzipiert und umgesetzt haben, waren es nun wiederum ihre (bzw. Rothfels') »Schüler« wie

225 Aly 1999.

226 Beer 1998: 375.

227 Haar 1997: 53.

228 Aly 1997: 153.

229 Haar 1997: 53.

Hans Mommsen oder Hans-Ulrich Wehler, die in den 1990er Jahren zu den maßgeblichsten öffentlichen Kritikern des Werkes *Hitlers willige Vollstrecker. Ganz gewöhnliche Deutsche und der Holocaust* von Daniel Jonah Goldhagen gehörten, der erstmals einem breiten Publikum verdeutlichte, dass es eben die »ganz gewöhnlichen Deutschen« auf Basis ihres antisemitischen Weltbildes waren, die die Shoah exekutiert haben.

Da überrascht es kaum, dass die frühen Impulse der NS-Forschung in der Nachkriegszeit nicht primär von deutschen Historikern, sondern von Politikwissenschaftlern (Franz L. Neumann, Ernst Fraenkel, Eugen Kogon, Reinhard Kühnl, Karl Dietrich Bracher) ausgingen, jüdische Historiker in Deutschland angefeindet und ausgegrenzt wurden (Joseph Wulf), es nichtdeutsche Historiker waren, die die Massenvernichtung der europäischen Juden erstmals in den 1980er Jahren auf die Agenda setzten (Raul Hilberg, Christopher R. Browning) und derjenige deutsche Historiker, der als Erster und mit immer weitreichenden neuen Forschungserkenntnisse die Geschichtswissenschaft mehrfach revolutioniert hat, es nicht zu einer ordentlichen Professur gebracht hat, obgleich er die meisten seiner Fachkollegen (auch wenn man nicht jede seiner Deutungen teilen muss) in Detailkenntnissen wie Ideenreichtum um Lichtjahre überragt: Götz Aly – der, nebenbei bemerkt, wie Hilberg eigentlich auch Politikwissenschaftler ist. Es mag nur wie ein Detail der geschichtswissenschaftlichen Wissenschaftsgeschichte wirken, aber wie unter einem Brennglas verdichtet sich hier die Tradierung der Abwehr der Shoah im deutschen Erinnern.[230]

230 Siehe hierzu auch Berg 2003.

6

Die schleichende Nivellierung der Erinnerung

Seit den 1990er Jahren hat sich in der bundesdeutschen Selbstwahrnehmung ein Bild des Umgangs mit der eigenen Vergangenheit etabliert, das die Auseinandersetzung mit dem Nationalsozialismus als »Erfolgsgeschichte« begreift. Diesem Attest wurde erst jüngst vor dem Hintergrund der Rechtsradikalisierung von Politik und Gesellschaft widersprochen[231] und es scheint darüber hinaus sogar geboten, es generell infrage zu stellen, weil es eine spezifische Perspektive zu Unrecht generalisiert: Denn das Paradigma der »Erfolgsgeschichte« entpuppt sich letztlich als geschichtspolitische Illusion, an die man nur glauben kann, wenn man die gesamtgesellschaftliche Perspektive ausblendet.

Als Auftakt der erinnerungspolitischen Wende, die dem Erfolgsgeschichtsparadigma zugrunde liegt, wird zumeist auf die Rede des Bundespräsidenten Richard von

231 Vgl. Frei u. a. 2019.

Weizsäcker am 8. Mai 1985 fokussiert, mit der »die vorher im wissenschaftlichen wie gesellschaftlichen Diskurs ausformulierten notwendigen Bezugnahmen auf die negative Geschichte des Nationalsozialismus gleichsam in einen politikfähigen Ausweis eigener Reife – nach innen und außen – überführt« wurde.[232] Gerade mit dem Beschluss der Etablierung eines (1996 eingeführten) Tages des Gedenkens an die Opfer des Nationalsozialismus am 27. Januar und der Errichtung des Denkmals für die ermordeten Juden Europas (2005) in Berlin wirkte es so, als habe eine kritische Auseinandersetzung in der bundesdeutschen Gesellschaft – wenngleich Jahrzehnte verspätet – endlich begonnen. Jenseits dessen, dass auch diese Ereignisse hart umstritten waren und keineswegs einen Konsens auf der politischen Agenda darstellten, verschleiert diese Wahrnehmung aber, dass diese selbstreflexive Annäherung bis heute nur das Anliegen einer kleinen, linksliberalen Elite in Politik und Öffentlichkeit ist, täuscht zugleich die intensive geschichtswissenschaftliche Forschung zum Nationalsozialismus darüber hinweg, dass es so gut wie keinen Widerhall in der deutschen Gesellschaft gibt – und wenn, dann lediglich einen geschichtsrevisionistischen Widerhall in Form von Erinnerungsabwehr, die ihren manifesten Niederschlag darin findet, dass mit der AfD eine rechtsextreme Partei in sämtliche Landtage und den Deutschen Bundestag gewählt wurde und damit die AntisemitInnen in Deutschland ein politisch etabliertes Sprachrohr für ihre Anliegen der Erinnerungsabwehr und Schuldprojektion gefunden haben.

Es ist nicht weniger als die größte Lebenslüge der Bundesrepublik: der Glaube an eine tatsächliche Aufarbeitung der Vergangenheit. Dabei hält eine kleine, gebildete, linksliberale Elite etwas für ein gesellschaftliches Phänomen, das zwar im intellektuellen Diskurs tatsächlich existiert,

232 Heyl 2019: 138.

aber im gesamtgesellschaftlichen Raum nur rudimentär verankert ist – und, im Gegenteil, heute hartnäckiger denn je abgewehrt wird: die Aufarbeitung der NS-Vergangenheit, der Abschied vom eigenen Opfermythos und die Auseinandersetzung mit der antisemitischen Täterschaft in so gut wie allen Familiengeschichten der Bundesrepublik (was freilich nicht nur den westlichen, sondern ohne jede Abstriche auch den östlichen Teil Deutschlands meint). Das »kollektiv getragene und komplizenhafte Verschweigen der Verbrechen durch weite Teile der Nachkriegsgesellschaft«, das Wolfgang Hegener beschreibt,[233] wirkte und wirkt weit länger fort, als es die aufgeklärten Eliten in Politik, Kultur und Medien oft wahrhaben wollen. Man hält die eigenen Positionen für die gesellschaftliche Realität und übersieht dabei, dass die eigene (Selbst-)Reflexion eben nur die einer verschwindend kleinen Elite ist.

Claus Leggewie und Erik Meyer haben die deutsche Selbstfindung im Surrogat einer erfolgreichen Vergangenheitsaufarbeitung, die man bewältigen und damit abwehren wollte, in einem titelgebenden Zitat ihres Buches über die Debatten über die Errichtung des Holocaust-Mahnmals in Berlin zusammengefasst: »Ein Ort, an den man gerne geht«.[234] Weltweit sind die Bilder bekannt, in denen Teenager und Erwachsene am Holocaust-Mahnmal posieren, als sei es die Kulisse eines Filmsets, und seitdem die AfD als besonders lauter Lautsprecher der antisemitischen GeschichtsrevisionistInnen parlamentarisch verankert ist, fallen ihre Claqueure auch in NS-Gedenkstätten durch antisemitische Parolen und die Leugnung der Shoah auf. »Ein Ort, an den man gerne geht« – man möchte nichts wissen über den Nationalsozialismus und die Shoah, vor allem nichts über die Täterschaft der eigenen Eltern, Großeltern und Urgroßeltern, aber dennoch seinen moralischen Profit daraus ziehen – aus einem Überlegenheitsdenken,

233 Hegener 2019: 236.

234 Leggewie/Meyer 2005.

das sich nun neben dem offenen und latenten Antisemitismus auch Bahn bricht in einer bevormundenden und besserwisserischen Haltung gegenüber der Welt, in der man von Deutschlands Geschichtspolitik lernen solle.

Die Deutschen brachten die antisemitische Vernichtung über Europa und die Welt – nun möchten sie als »Olympioniken der Betroffenheit«[235] auch ihr Erinnerungsmodell exportieren, unter dessen glänzendem Lack nichts ist als der Rost des deutschen Opfermythos und der antisemitischen Schuldabwehr. »Ein Ort, an den man gerne geht« – es fasst die deutsche Alltagserinnerung präzise zusammen. Die abgewehrte und nicht-aufgearbeitete Schuld und Verantwortung, als »gefühlte Opfer«[236] gewendet in einen kollektiven Opfermythos mit moralischer Überlegenheitsstilisierung wird eingeebnet in einer erinnerungspolitischen Wahrnehmung, in der die Shoah aufgelöst wird, um sich »in aller Unschuld im Spiegel anschauen«[237] zu können: durch ihre Leugnung – oder durch ihre Universalisierung.

Daniel Levy und Natan Sznaider haben sich in ihrem Buch *Erinnerung im globalen Zeitalter: Der Holocaust* (2001), getragen von der Euphorie eines unmittelbar zurückliegenden Jahrzehnts, in dem es schien, als könnte sich die deutsche Erinnerungspolitik endlich einer selbstkritischen Aufarbeitung der NS-Vergangenheit zuwenden, über die erinnerungspolitischen Implikate einer globalisierten Welt Gedanken gemacht. Vor dem Hintergrund einer kosmopolitischen Perspektive diskutieren sie darin die drängende Frage, wie Erinnerungspolitik konstituiert sein müsse, um nicht nur historisch, sondern auch gegenwärtig nicht blind zu sein, es geht um die bis heute zentrale Frage, »Denken und Handeln so einzurichten, daß Auschwitz nicht sich

235 Jureit 2010: 19.

236 Jureit/Schneider 2010.

237 Heyl 2019: 152.

wiederhole, nichts Ähnliches geschehe«.[238] Levy/Sznaider argumentieren, dass die »Ermordung der Juden zum zentralen Thema für die Erinnerungsstruktur in der Zweiten Moderne wird« und damit zum universalistischen Maßstab einer humanistischen Identifizierung werden müsse, womit die nationale Erinnerung in einen globalen Kontext gestellt würde und so die Shoah erinnerungs- und bildungspolitisch zum Maßstab für moralische Bewertungen werden müsse.[239] Das nationale Gedächtnis müsse auf diese Weise zu einem universellen werden, die Shoah zum negativen Wertmaßstab für Erinnerung und Bildung.

Nun war das Postulat einer »zweiten« Moderne,[240] die sich durch Selbstreflexivität auszeichne, schon grundsätzlich unter Ausblendung der Shoah und damit der Infragestellung moderner Vergesellschaftung durch den »Zivilisationsbruch« Auschwitz[241] formuliert worden und adressierte sich faktisch an eine kosmopolitische Elite, war also im Kern eine zwar verlockend klingende, aber letztlich utopische Vision. In dieselbe erkenntnistheoretische Falle tappen auch Levy/Sznaider, die ausgehend von ihrem eigenen kosmopolitischen Mikrokosmos implizit davon ausgehen, das Projekt einer »reflexiven Modernisierung«[242] sei das Anliegen der Mehrheit der Menschen. Faktisch ist die Idee der »zweiten« Moderne aber längst postmodern korrumpiert, Aufklärung und Universalismus werden im postmodernen Weltbild verworfen und an die Stelle der erkenntnistheoretischen Überzeugung von Wahrheit tritt die postmoderne Beliebigkeit, aus dem aufgeklärten Postulat des sich emanzipierenden Subjekts erzeugt die Postmoderne einen radikalen Subjektivismus des repressiven Zwangs.

238 Adorno 1966: 358.

239 Levy/Sznaider 2001: 119.

240 Vgl. Beck 1996.

241 Diner 1988.

242 Beck 1996: 23.

Erinnerungspolitisch ist das deshalb so fatal, weil der erste Schritt des Universalisierungsanspruchs der Erinnerung nun im zweiten Schritt zur entkonkretisierten, enthistorisierten und emotionalisierten Willkür der Postmoderne wird, in der sich linke und rechte AntiuniversalistInnen treffen: Die Shoah wird nun, gilt sie einmal als universeller Wertmaßstab, in ihrer konkreten historischen Dimension ausgeblendet, die Erinnerung umso radikaler abgewehrt, da sie deutsche Täterschaften universalisiert und damit leugnet, weil sie Jüdinnen und Juden nicht mehr gedenkt, sondern durch ahistorische und im Kern geschichtsrevisionistische Vergleiche nun überall auf der Welt die Gefahr sieht, Auschwitz könne sich wiederholen, wie am signifikantesten in der deutschen Politik während des Kosovokrieges (1998/99) vorgeführt, als man die militärische Intervention Deutschlands mit einem erfundenen »Hufeisenplan« legitimierte und meinte, »wegen Auschwitz« einen Krieg führen zu müssen, der in keiner Weise eine historische Vergleichbarkeit hatte – und zugleich aber auf der anderen Seite den realen Antisemitismus ausblendet, den palästinensischen Terrorismus mit seinem antisemitischen Vernichtungswillen als legitim verniedlicht, den Iran mit dessen unbedingtem Wille zur Vernichtung Israels hofiert und Antisemitismus in Form einer nivellierenden und sämtliche theoretischen Erkenntnisse ausblendenden Weise als Spiegelstrich unter anderen Formen von Diskriminierung subsummiert, in naivster Weise dann sogar Antisemitismus nicht mehr als Weltbild, sondern als plumpes »Vorurteil« verharmlost:[243]

> »Im NS-Antisemitismus sollte jeder einzelne jüdische Mensch vernichtet werden, weil er als Teil einer verderblichen, verborgenen, abstrakten und übermächtigen Gegenrasse betrachtet wurde. Im

243 Vgl. Salzborn 2010.

kolonialen Rassismus gibt es keine Entsprechungen zu dieser Zuschreibung – weder auf Seiten der Kolonisierenden, noch auf Seiten der Kolonisierten lassen sich die antisemitischen Wahnvorstellungen übertragen oder eins zu eins übersetzen: Antisemitismus und Rassismus sind nicht kommensurabel, und damit kann Antisemitismus auch keine Unterform von oder kein Beispiel für Rassismus sein.«[244]

Und nicht zuletzt wendet der postmoderne Antiuniversalismus das Universalisierungsparadigma der Erinnerung gegen es selbst, wenn nun anschließend das im Schuldabwehrantisemitismus manifeste Moment der Täter-Opfer-Umkehr gegen Israel als jüdischen Staat gerichtet wird, sich der antiisraelische Antisemitismus mit dem Schuldabwehrantisemitismus amalgamiert.[245]

Damit ist das Grundanliegen von Levy/Sznaider gekippt – gekippt in eine falsche Universalisierung, die im postmodernen Kontext vor allem dazu dient, die Shoah auszublenden, zu relativieren und moralisch zu instrumentalisieren, was in seiner ganzen Perfidität darin zum Ausdruck kommt, wenn Antisemitismus mit »Islamophobie« analogisiert wird, wobei ausblendet wird, dass der Terminus »Islamophobie« in islamistischem Kontext installiert wurde, um *jede* Kritik am Islam abzuwehren, insbesondere die Kritik am islamischen Antisemitismus.[246] Hatten Levy/Sznaider noch vor Augen, in ihrer Universalisierungsidee tatsächlich universalistischen Maßstäben zur Durchsetzung zu verhelfen, ist die Universalisierung der Erinnerung unter postmodernen Prämissen faktisch zu einer Entsorgung der deutschen Vergangenheit verkommen, die umstandslos eingereiht wird in andere Völker-

244 Klävers 2019: 224.

245 Vgl. Salzborn 2018b: 155f.

246 Vgl. Kahlweiß/Salzborn 2012.

morde und Verbrechen. Was entgegen der Intention der Autoren universalisiert wurde, ist die Erinnerungsabwehr, die Möglichkeit, sich in der deutschen Täter-Opfer-Umkehr einzurichten als moralische Siegerin der Geschichte und seinen Mythos kollektiver Unschuld auf diesem Umweg durch den internationalen Kontext sakrosankt zu machen.

Wenn der Nationalsozialismus und die Shoah aber erinnerungspolitisch »universalisiert« sind, es also nicht mehr um historische Fakten und erkenntnistheoretische Wahrheit geht, dann fehlt auch jedes öffentliche Bewusstsein, sich gegen vorsätzlichen Geschichtsrevisionismus zu stellen, da jeder Realitätsmaßstab entschwunden ist: Die Täter-Opfer-Umkehr, wie sie die extreme Rechte in Deutschland unter Federführung der AfD betreibt, schließt insofern nahtlos an Erinnerungsabwehrversuche der 1980er Jahre an, als diese noch nicht als rechtsextreme Positionen wahrgenommen wurde, weil ihre Akteure nicht aus dem rechtsextremen Milieu stammten. Dabei findet allerdings eine bemerkenswerte Inversion statt: Wurden Helmut Kohl und Martin Walser noch für ihre Positionen kritisiert, ohne sie zu kontextualisieren, nimmt man bei Björn Höcke und Alexander Gauland sehr wohl ihre rechte Gesinnung wahr, im postmodernen Nebel der erinnerungspolitischen Degenerierung werden nun aber ihre Positionierungen nur selten als das benannt, was sie sind: antisemitisch und geschichtsrevisionistisch. Die Postmoderne hat insofern mit ihrem antiemanzipatorischen Kampf gegen die Wahrheit das erinnerungspolitische Feld für die extreme Rechte bereitet, auf dem es nun nicht mehr um Erkenntnis und Wahrheit, sondern nur noch um die nackte Frage der Durchsetzung von politischer Macht und diskursiver Gewalt geht.

Der Kampf ums Geschichtsbild wird in der Gegenwart um die Zukunft geführt. Das Verhältnis von reflexivem Erinnern und identitärer Sinnstiftung markiert das geschichtspolitische Spannungsfeld, wobei die Kernfrage darin besteht, ob Geschichte adäquat interpretiert oder lediglich verwertet werden soll. Während die interpretative Variante einer kritischen Aufarbeitung der Vergangenheit zuneigt, zielt die verwertungsorientierte auf deren Instrumentalisierung und stellt in ihrer Verwertungslogik darauf ab, was von Adorno in anderem Zusammenhang treffend als die am Tauschprinzip orientierte »Spießbürgersorge« beschrieben wurde, sich daran zu orientieren, was für das eigene Tun zu bekommen sei.[247] Der Wunsch, als normalisierte Nation endlich auch etwas für die eigene Läuterung zu bekommen, schwingt deutlich mit bei der schleichenden Nivellierung der Erinnerung, die auch ein erneuerter deutscher Befreiungsdiskurs ist – als fortgesetzte Befreiung von der Vergangenheit, die Martin Walser nachhaltig mit seiner Paulskirchen-Rede 1998 eingeleitet hatte.

Der Umgang der AfD mit der NS-Geschichte zeigt dies überdeutlich, exemplarisch anhand eines langen Interviews, das der AfD-Spitzenfunktionär Alexander Gauland im April 2016 mit der *Zeit* geführt hat. In diesem Gespräch fragte die *Zeit* Gauland nach der Bedeutung der von ihm an anderer Stelle verwandten Formulierung »Sittengesetz eines Volkes«, das verteidigt werden müsse. Darauf antwortet Gauland:

> »Das ist das, woraus sich ein Volk entwickelt hat, aus Geschichte, Tradition, aus Umbrüchen. Sie können die Formulierung auch durch das Wort ›Identität‹ ersetzen, und diese Identität verteidigen andere Völker sehr viel stärker. Das hat natürlich mit Auschwitz zu tun. Ich war kürzlich das erste Mal in Auschwitz, wobei ich festgestellt habe, dass es mich nicht mehr ergriffen hat, anders als bei meinem Besuch in Buchenwald. Es ist wie gefrorener Schrecken. Wenn man die vielen Haare

247 Adorno 1997: 373.

> und Pinsel und Koffer sieht, hat man plötzlich das Gefühl, das ist versteinert, das spricht nicht mehr. Ich glaube, dass Auschwitz, auch als Symbol, viel in uns zerstört hat.«[248]

Die sich aufdrängende und naheliegende Rückfrage, ob es nicht die Deutschen waren, »die da etwas zerstört haben«, scheint auch die erste Assoziation der *Zeit*-Journalisten Bernd Ulrich und Matthias Geis gewesen zu sein, die das Gespräch mit Gauland geführt haben, sodass sie direkt nachhaken, worauf Gauland wiederum entgegnet:

> »Richtig, aber es ist dabei sehr viel mehr kaputtgegangen. Die Nazis haben viele Dinge berührt, die durch diese Berührung plötzlich nicht mehr sagbar wurden. Der Nationalstolz, den jeder Engländer, jeder Franzose empfindet, ist doch bei uns enorm hinterfragt, nach dem Motto: Dürfen wir das eigentlich noch sagen?«[249]

Auch hier folgt der assoziativ und intuitiv naheliegende Einwand der Interviewer, dass es eben »außerhalb der deutschen Geschichte [...] kein Verbrechen wie Auschwitz gegeben« hat, was Gauland, der insgesamt in dem Interview obsessiv fixiert ist auf den Nationalsozialismus, auch an Stellen, an denen er eigentlich nicht Thema sein müsste (bereits die Frage nach den »Sittengesetzen« hat Gauland ja selbst und ohne argumentative Not auf den Nationalsozialismus und Auschwitz bezogen), kontert mit:

> »Ja. Hitler hat sehr viel mehr zerstört als die Städte und die Menschen, er hat den Deutschen das Rückgrat gebrochen, weitgehend.«[250]

248 Gauland 2016.

249 Ebd.

250 Ebd.

Dieses Interview, geführt noch lange vor den öffentlich diskutierten geschichtsrevisionistischen Einlassungen zahlreicher AfD-Funktionseliten, ist ausgesprochen aufschlussreich für das Selbstverständnis der AfD mit Blick auf den Nationalsozialismus, nicht nur bezüglich der vorsätzlich formulierten Positionierungen, sondern gerade mit Blick auf das Unbewusste, das hier aus Gauland spricht – und unredigiert sichtbar macht, dass die AfD ein geradezu besessenes Verhältnis zum Nationalsozialismus hat, das nur lange Zeit in seiner antiaufklärerischen, geschichtsrevisionistischen und antisemitischen Implikation nachhaltiger kaschiert wurde als beispielsweise bei der NPD.

Die geschichtspolitisch in Gaulands Versuchen zur Entlastung der eigenen Schuld zum Ausdruck kommende verleugnete deutsche Täterschaft im Nationalsozialismus verbindet sich mit dem Wunsch nach eigener (kollektiver) Unschuld, dem Phantasma des eigenen Opferstatus. Nicht die Deutschen haben etwas getan, sondern den Deutschen wurde etwas angetan, durch die rhetorische Separierung von Hitler – als personalisierter Inbegriff des Bösen und des Nationalsozialismus – und seinem Volk wird Schuld gleichermaßen exterritorialisiert wie verleugnet. Es scheint im Weltbild von Gauland keine TäterInnen mehr zu geben, außer Hitler und vielleicht noch ein paar führende Nazis.

Das ignoriert – ob vorsätzlich oder unbewusst, ist gleichgültig –, dass das NS-Regime eine große Zustimmung in der deutschen Bevölkerung hatte, und dass die überwältigende Mehrheit der Deutschen an der Massenvernichtung der europäischen Juden aktiven und passiven Anteil hatte. Und es ignoriert, dass die völkische Volkstums- und antisemitische Vernichtungspolitik deshalb in einer derart barbarischen Weise umgesetzt werden konnte, weil es einen sehr weitreichenden Konsens zwischen NS-Führung und deutscher Bevölkerung gab. Grundlage für Gaulands Geschichtsbild ist eine positive Identifizierung mit der deutschen Nation, das heißt, »deutsch-sein« wird weder infrage gestellt, noch findet eine Auseinandersetzung mit den negativen Seiten deutscher Geschichte statt – die er, wie einst Helmut Kohl, marginalisieren und unbedeutend machen will. Somit kann man sagen, dass keine (oder nur eine stark eingeschränkte) Ambivalenzwahrnehmung existiert, sondern lediglich der Versuch der Betonung und Überhöhung dessen, was als positiv wahrgenommen wird. Die Identifizierung mit der deutschen Nation ist das Zentrum des Denkens.

Ziel der geschichtspolitischen Intervention von Gauland ist es, Deutsche *generell* als Opfer des Nationalsozialismus darzustellen. An das geschichtsrevisionistische Geschichtsbild von Gauland schloss im Januar 2017 ebenfalls Björn Höcke, AfD-Fraktionsvorsitzender im Thüringer Landtag, an und verband den deutschen Opfermythos von Gauland und die Versuche der historischen Entlastung nun mit einer antisemitischen Positionierung, die zugleich eine massive Gewaltandrohung enthielt.

Höcke hatte in einer Rede bei einer Veranstaltung der Jungen Alternative in Dresden erklärt, die »Bombardierung Dresdens« sei ein »Kriegsverbrechen« gewesen und man sei »bis heute« nicht in der Lage, »unsere eigenen Opfer zu betrauern« – was angesichts der flächendeckenden Kriegerdenkmäler in Deutschland einschließlich der umfangreich in der offiziellen Erinnerungskultur verankerten wie durch unzählige Gedenkorte manifestierten Erinnerung an das Thema Flucht und Vertreibung der Deutschen nach dem Ende des Zweiten Weltkriegs schlichtweg eine unverfrorene und schamlose Lüge ist. Höcke führte dies aus, um eine »erinnerungspolitische Wende um 180 Grad« zu fordern, die »großartigen Leistungen der Altvorderen« in den Mittelpunkt zu rücken und das Holocaust-Mahnmal in Berlin als »Denkmal der Schande« zu bezeichnen, das man sich »in das Herz seiner Hauptstadt gepflanzt«

habe.[251] Höcke verband dies mit der Gewaltandrohung: »Die AfD ist die letzte revolutionäre, sie ist *die letzte friedliche* Chance für unser Vaterland.«[252] Und nicht zufällig schloss Höcke terminologisch hiermit ja auch an den antisemitischen Denkraum an, den Martin Walser mit seiner Paulskirchen-Rede 1998 eröffnet hatte. In dieser Rede hatte sich Walser gegen eine kritische Reflexion der Vergangenheit und die »Moralkeule« Auschwitz gewandt, deren Allgegenwärtigkeit er halluzinierte – und sprach von einer »Dauerpräsentation unserer Schande«, von einem »grausamen Erinnerungsdienst« und einer »Routine des Beschuldigens« in den Medien.[253]

Die Rede von Höcke zeigte die eigentliche Substanz der Aussagen, wie sie auch von Gauland formuliert wurden – und machte deutlich, dass sich ein geschichtsrevisionistischer Antisemitismus verbindet mit einem ahistorischen und wahrheitswidrigen Glauben an eine deutsche Opferidentität. Das zeigte auch sehr deutlich eine im September 2017 von Gauland gehaltene Rede, in der er für eine vollständige Umdrehung des Täter-Opfer-Verhältnisses eintrat und eine der zentralen Institutionen des antisemitischen Vernichtungskrieges, die deutsche Wehrmacht, mit den Alliierten Armeen gleichsetze, die im Unterschied zu den Deutschen keinen Vernichtungskrieg geführt haben, sondern die deutsche Wehrmacht davon abgehalten haben, noch mehr Menschen zu ermorden. Gauland sprach wörtlich davon, wenn Franzosen und Briten stolz auf ihre Armeen des Zweiten Weltkrieges seien, »haben wir das Recht, stolz zu sein auf Leistungen deutscher Soldaten in zwei Weltkriegen«. Und ebenfalls wörtlich: »Man muss uns diese zwölf Jahre nicht mehr vorhalten. Sie betreffen unsere Identität heute nicht mehr. Deshalb haben wir auch das Recht, uns nicht nur unser Land, sondern auch unsere

251 Höcke 2017.

252 Ebd.; Herv. nicht im Orig.

253 Walser 1998.

Vergangenheit zurückzuholen.«[254] Diese proklamierte »Rückholung« der Vergangenheit, in der semantisch auch der Wunsch nach Rückkehr anklingt, wäre nicht weniger als der vollständige Vollzug antisemitischer Schuldabwehr im aggressiven Taumel eines wahnhaften Mythos kollektiver Unschuld.

Nun sind der universalistische und der geschichtsrevisionistische Umgang mit der NS-Vergangenheit fraglos objektiv gegensätzlich intentional: Will der universalistische Ansatz die Erinnerung an die Shoah bewahren und aus ihr universalistische Postulate entwickeln, jede Wiederholung zu verhindern, strebt der geschichtsrevisionistische nach der Relativierung (bisweilen auch Leugnung) der Shoah mit der Absicht, die deutsche Nation zu entlasten und durch eine Täter-Opfer-Umkehr faktisch dasjenige Weltbild zu rehabilitieren, das Auschwitz möglich machte. Beide amalgamieren aber in demjenigen postmodernen Möglichkeitsraum, der sich kategorial gegen Wahrheitsansprüche wendet, zu intentional sich widersprechenden, aber durch ihre fluide Instrumentalisierung faktisch den Kern der Erinnerung an die Shoah nivellierenden Wirkung: Sie lösen historische Wahrheit auf. Nun kann und darf man dem Universalisierungsansatz nicht zum Vorwurf machen, wie er gegenintentional instrumentalisiert wird, gleichwohl muss man bedingungslos vor dem Hintergrund postmoderner Erinnerungsdestruktion darauf beharren, dass zwar Erinnerung plural sein kann, dass dieser Pluralismus aber eben auch bedeutet, dass nicht jede Erinnerung wahr ist, sondern ganz im Gegenteil die Erinnerung im Land der TäterInnen oft changiert zwischen vorsätzlicher Lüge und unbewusster Verleugnung.

254 Gauland, zit. n. o. V. 2017.

Literatur

Adorno, Theodor W. 1951a: Minima Moralia. Reflexionen aus dem beschädigten Leben, in: Ders.: Gesammelte Schriften Bd. 4, Frankfurt 1997.

Adorno, Theodor W. 1955: Schuld und Abwehr. Eine qualitative Analyse zum Gruppenexperiment, in: Ders., Gesammelte Schriften Band 9.2, Frankfurt 1997, S. 121–324.

Adorno, Theodor W. 1959: Was bedeutet: Aufarbeitung der Vergangenheit, in: Ders.: Gesammelte Schriften Band 10.2, Frankfurt 1997, S. 555–572.

Adorno, Theodor W. 1962: Zur Bekämpfung des Antisemitismus heute, in: Ders.: Gesammelte Schriften Bd. 20.1, Frankfurt 1997, S. 360–383.

Adorno, Theodor W. 1966: Negative Dialektik, in: Ders.: Gesammelte Schriften Bd. 6, Frankfurt 1997.

Adorno, Theodor W. 1997: Ästhetische Theorie, in: Ders.: Gesammelte Schriften, Bd. 7, Frankfurt.

Ahlheim, Klaus/Bardo Heger 2002: Die unbequeme Vergangenheit. NS-Vergangenheit, Holocaust und die Schwierigkeiten des Erinnerns, Schwalbach/Ts.

Almond, Gabriel A./Sidney Verba 1965: The Civic Culture. Political Attitudes and Democracy in five Nations, 4. Aufl., Boston/Toronto.

Aly, Götz 1997: Macht – Geist – Wahn. Kontinuitäten deutschen Denkens, Berlin.

Aly, Götz 1999: Stakkato der Vertreibung, Pizzikato der Entlastung. Welche Sprache ersetzt die Rhetorik der Raumordnung? Eine Entgegnung auf Hans-Ulrich Wehler, in: Frankfurter Allgemeine Zeitung v. 3. Februar.

Aly, Götz/Susanne Heim 1991: Vordenker der Vernichtung, Auschwitz und die deutschen Pläne für eine neue europäische Ordnung, Hamburg.

Assmann, Aleida/Ute Frevert 1999: Geschichtsvergessenheit, Geschichtsversessenheit. Vom Umgang mit deutschen Vergangenheiten nach 1945, Stuttgart.

Bajohr, Frank/Andrea Löw 2015: Tendenzen und Probleme der neueren Holocaust-Forschung: Eine Einführung, in: Dies. (Hg.): Der Holocaust. Ergebnisse und neue Fragen der Forschung, Frankfurt, S. 10–20.

Beck, Ulrich 1996: Das Zeitalter der Nebenfolgen und die Politisierung der Moderne, in: Ders./Anthony Giddens/ Scott Lash 1996: Reflexive Modernisierung. Eine Kontroverse, Frankfurt, S. 19–112.

Becker, Matthias J. 2018: Analogien der »Vergangenheitsbewältigung«. Antiisraelische Projektionen in Leserkommentaren der Zeit und des Guardian, Baden-Baden.

Beer, Mathias 1998: Im Spannungsfeld von Politik und Zeitgeschichte. Das Großforschungsprojekt »Dokumentation der Vertreibung der Deutschen aus Ost-Mitteleuropa«, in: Vierteljahrshefte für Zeitgeschichte. Jg. 46, S. 345–389.

Beer, Mathias 2011: Flucht und Vertreibung der Deutschen. Voraussetzungen, Verlauf, Folgen, München.

Benz, Wolfgang 1994: Kollektivschuld, in: Ders. (Hg.): Legenden, Lügen, Vorurteile. Ein Wörterbuch zur Zeitgeschichte, 5. Aufl., München.

Berg, Nicolas 2003: Der Holocaust und die westdeutschen Historiker. Erforschung und Erinnerung, Göttingen.

Bergmann, Werner 1990: Sind die Deutschen antisemitisch? Meinungsumfragen von 1946–1987 in der Bundesrepublik Deutschland, in: Werner Bergmann/Rainer Erb (Hg.): Antisemitismus in der politischen Kultur nach 1945, Opladen, S. 108–130.

Bergmann, Werner/Rainer Erb 1986: Kommunikationslatenz, Moral und öffentliche Meinung. Theoretische Überlegungen zum Antisemitismus in der Bundesrepublik Deutschland, in: Kölner Zeitschrift für Soziologie und Sozialpsychologie, H. 2, S. 223–246.

Bergmann, Werner/Rainer Erb 1991: Antisemitismus in der Bundesrepublik Deutschland. Ergebnisse der empirischen Forschung von 1946–1989, Opladen.

Bergmann, Werner/Rainer Erb 1997: Antisemitismus in Deutschland 1945–1996, in: Wolfgang Benz/Werner Bergmann (Hg.): Vorurteil und Völkermord. Entwicklungslinien des Antisemitismus, Bonn, S. 397–434.

Berg-Schlosser, Dirk 1972: Politische Kultur. Eine neue Dimension politikwissenschaftlicher Analyse, München.

Berg-Schlosser, Dirk 1994: Politische Kulturforschung, in: Dieter Nohlen (Hg.): Lexikon der Politik. Band 2: Politikwissenschaftliche Methoden, hgg. von Jürgen Kriz, Dieter Nohlen und Rainer-Olaf Schultze, München, S. 345–352.

Berg-Schlosser, Dirk 2003: Erforschung der Politischen Kultur – Begriffe, Kontroversen, Forschungsstand, in: Politische Bildung. Beiträge zur wissenschaftlichen Grundlegung und zur Unterrichtspraxis, H. 3.

Bodemann, Y. Michal 1996: Gedächtnistheater. Die jüdische Gemeinschaft und ihre deutsche Erfindung, Hamburg.

Bogdal, Klaus-Michael 2007: Literarischer Antisemitismus nach Auschwitz. Perspektiven der Forschung, in: Ders./Klaus Holz/Matthias N. Lorenz (Hg.): Literarischer Antisemitismus nach Auschwitz, Stuttgart/Weimar, S. 1–12.

Bösch, Frank 2007: Film, NS-Vergangenheit und Geschichtswissenschaft. Von »Holocaust« zu »Der Untergang«, in: Vierteljahrshefte für Zeitgeschichte, H. 1, S. 1–32.

Braese, Stephan 2001: Die andere Erinnerung. Jüdische Autoren in der westdeutschen Nachkriegsliteratur, Berlin/Wien.

Braese, Stephan/Holger Gehle/Doron Kiesel/Hanno Loewy 1998: Vorwort: in: Dies. (Hg.): Deutsche Nachkriegsliteratur und Holocaust, Frankfurt/New York.

Brähler, Elmar/Horst-Eberhard Richter 2002: Politische Einstellungen in Deutschland. Ergebnisse einer repräsentativen Erhebung. Fassung der Pressekonferenz des Sigmund-Freud Instituts vom 14. Juni 2002, Frankfurt.

Brainin, Elisabeth/Vera Ligeti/Samy Teicher 1993: Vom Gedanken zur Tat. Zur Psychoanalyse des Antisemitismus, Frankfurt.

Broder, Henryk M. 1986: Der Ewige Antisemit. Über Sinn und Funktion eines beständigen Gefühls, Frankfurt.

Browning, Christopher R. 1992: Ordinary Men. Reserve Police Battalion 101 and the Final Solution in Poland, New York.

Brünger, Sebastian 2017: Geschichte und Gewinn. Der Umgang deutscher Konzerne mit ihrer NS-Vergangenheit, Göttingen.

Diem, Peter 2019: 1979–2019: Das Fernsehereignis Holocaust und seine Wirkung, in: Europäische Rundschau, H. 1, S. 53–59.

Diner, Dan (Hg.) 1988: Zivilisationsbruch. Denken nach Auschwitz, Frankfurt.

Dondera, Carla 2019: Was gesagt werden muss: Günter Grass und der inszenierte Tabubruch, in: Samuel Salzborn (Hg.): Antisemitismus seit 9/11. Ereignisse, Debatten, Kontroversen, Baden-Baden, S. 65–87.

Dubiel, Helmut 1999: Niemand ist frei von der Geschichte. Die nationalsozialistische Herrschaft in den Debatten des Deutschen Bundestages, München/Wien.

Ebbrecht, Tobias 2011: Geschichtsbilder im medialen Gedächtnis. Filmische Narrationen des Holocaust, Bielefeld.

Eichmüller, Andreas 2008: Die Strafverfolgung von NS-Verbrechen durch west-deutsche Justizbehörden seit 1945. Eine Zahlenbilanz, in: Vierteljahrshefte für Zeitgeschichte, H. 4, S. 621–640.

Eke, Norbert Otto/Hartmut Steincke (Hg.) 2006: Shoah in der deutschsprachigen Literatur, Berlin.

Falter, Matthias 2019: Die Grenzen der Demokratie. Debatten über Rechtsextremismus im österreichischen Nationalrat (1999–2013), Baden-Baden.

Fassbinder, Rainer Werner 1998: Der Müll, die Stadt und der Tod / Nur eine Scheibe Brot. Ein Stück in zehn Szenen, Frankfurt.

Frei, Norbert 2004: Gefühlte Geschichte, in: Die Zeit v. 21. Oktober.

Frei, Norbert 2009: Von deutscher Erfindungskraft. Oder: Die Kollektivschuldthese in der Nachkriegszeit, in: Ders.: 1945 und wir. Das Dritte Reich im Bewusstsein der Deutschen (EA 2005), München, S. 159–169.

Frei, Norbert 2012: Vergangenheitspolitik. Die Anfänge der Bundesrepublik und die NS-Vergangenheit (EA 1996), München.

Frei, Norbert/Franka Maubach/Christina Morina/Maik Tändler 2019: Zur rechten Zeit. Wider die Rückkehr des Nationalismus, Berlin.

Friedländer, Saul 2007: Kitsch und Tod. Der Widerschein des Nazismus (EA 1982), Frankfurt.

Fürstenau, Justus 1969: Entnazifizierung. Ein Kapitel deutscher Nachkriegspolitik, Neuwied/Berlin.

Gauland, Alexander 2016: »Hitler hat den Deutschen das Rückgrat gebrochen«, Interview von Bernd Ulrich und Matthias Geis, in: Die Zeit v. 14. April, S. 6–7.

Gellately, Robert 2001: Backing Hitler. Consent and Coercion in Nazi Germany, Oxford.

Gensing, Patrick 2015: Die AfD und die »Volksgemeinschaft«, in: tagesschau.de v. 29. Dezember.

Giordano, Ralph 1996: Die unbewältigte Vergangenheit. Zur Nachkriegsgeschichte der Bundesrepublik, in: Jens Mecklenburg (Hg.): Handbuch deutscher Rechtsextremismus, Berlin, S. 13–30.

Goldhagen, Daniel Jonah 1996: Hitlers willige Vollstrecker. Ganz gewöhnliche Deutsche und der Holocaust (engl. EA u. d. T. Hitler's willing executioners. Ordinary Germans and the Holocaust), Berlin.

Greiffenhagen, Martin/Sylvia Greiffenhagen 1997: Politische Kultur, in: Harald Geiss (Hg.): Grundwissen Politik, 3. überarb. u. erw. Aufl., Bonn, S. 167–237.

Grünberg, Kurt 2002: Ich weiß wohl, was es bedeutet. Über das allmähliche Verfertigen des Ressentiments beim Reden: Eine psychoanalytische Betrachtung des Antisemitismus, in: Die Welt v. 29. Juni.

Grunberger, Béla 1962: Der Antisemit und der Ödipuskomplex, in: Psyche. Zeitschrift für Psychoanalyse und ihre Anwendungen, H. 5, S. 254–271.

Grunberger, Béla/Pierre Dessuant 2000: Narzißmus, Christentum, Antisemitismus. Eine psychoanalytische Untersuchung, Stuttgart.

Haar, Ingo 1997: »Revisionistische« Historiker und Jugendbewegung: Das Königsberger Beispiel, in: Peter Schöttler (Hg.): Geschichtsschreibung als Legitimationswissenschaft 1918–1945, Frankfurt

Haar, Ingo 2000: Deutsche »Ostforschung« und Antisemitismus, in: Zeitschrift für Geschichtswissenschaft, H. 6, S. 485ff.

Hagemann, Susanne 2015: »Leere Gesten«? Darstellungsmuster in Ausstellungen zur NS-Zeit, in: Museumsverband des Landes Brandenburg (Hg.): Entnazifizierte Zone? Zum Umgang mit der Zeit des Nationalsozialismus in ostdeutschen Stadt- und Regionalmuseen, Bielefeld, S. 77–92.

Hammerstein, Katrin 2007: Deutsche Geschichtsbilder vom Nationalsozialismus, in: Aus Politik und Zeitgeschichte, Heft 3, S. 24–30.

Hartl, Benedikt 2000: Das nationalsozialistische Willensstrafrecht, Berlin.

Hegener, Wolfgang 2019: Schuld-Abwehr. Psychoanalytische und kulturwissenschaftliche Studien zum Antisemitismus, Gießen.

Heinemann, Isabel 2003: »Rasse, Siedlung, deutsches Blut«. Das Rasse- und Siedlungshauptamt der SS und die rassenpolitische Neuordnung Europas, Göttingen.

Heinlein, Michael 2010: Die Erfindung der Erinnerung. Deutsche Kriegskindheiten im Gedächtnis der Gegenwart, Bielefeld.

Heitzer, Enrico/Martin Jander/Anetta Kahane/Patrice G. Poutrus (Hg.) 2018: Nach Auschwitz: Schwieriges Erbe DDR. Plädoyer für einen Paradigmenwechsel in der DDR-Zeitgeschichtsforschung, Schwalbach/Ts.

Hensel, Jana 2018: Opa war kein Held, in: Zeit Online v. 03. März.

Heyl, Matthias 2019: Die nationalsozialistischen Massenverbrechen sind bei den Deutschen gut aufgehoben – Selbstbilder erfolgreich geleisteter Aufarbeitung in der Bundesrepublik nach 1990 und das Unbehagen an der Erinnerungskultur, in: Meron Mendel/Astrid Messerschmidt (Hg.): Fragiler Konsens. Antisemitismuskritische Bildung in der Migrationsgesellschaft, Bonn, S. 133–154.

Hilberg, Raul 1961: The Destruction of the European Jews, Chicago.

Höcke, Björn 2017: Vollständiges Transkript der Rede vom 17. Januar 2017 im Ballhaus Watzke, Dresden im Rahmen der Veranstaltungsreihe »Dresdner Gespräche« organisiert vom Jugendverband der Alternative für Deutschland, der »Jungen Alternative«. http://pastebin.com/jQujwe89 (Zugriff: 19.01.2017).

Institut für Demoskopie 1987: Antisemitismus. Eine Repräsentativuntersuchung der Verbreitung antisemitischer Einstellungen, Allensbach.

Ionescu, Dana 2018: Judenbilder in der deutschen Beschneidungskontroverse, Baden-Baden.

Ionescu, Dana/Samuel Salzborn (Hg.) 2014: Antisemitismus in deutschen Parteien, Baden-Baden.

Jenninger, Philipp 1988: Gedenkveranstaltung des Deutschen Bundestages aus Anlaß der Pogrome des nationalsozialistischen Regimes gegen die jüdische Bevölkerung vor 50 Jahren in: Armin Laschet/Heinz Malangré (Hg.): Philipp Jenninger. Rede und Reaktion, Aachen/Koblenz 1989, S. 11–26.

Jureit, Ulrike 2010: Opferidentifikation und Erlösungshoffnung: Beobachtungen im erinnerungspolitischen Rampenlicht, in: Dies./Christian Schneider: Gefühlte Opfer. Illusionen der Vergangenheitsbewältigung, Stuttgart, S. 17–104.

Jureit, Ulrike/Christian Schneider 2010: Gefühlte Opfer. Illusionen der Vergangenheitsbewältigung, Stuttgart.

Kahlweiß, Luzie H./Samuel Salzborn 2012: »Islamophobie« als politischer Kampfbegriff. Zur konzeptionellen und empirischen Kritik des Islamophobiebegriffs, in: Jahrbuch für Extremismus- und Terrorismusforschung 6 (2011/2012), S. 248–263.

Kaminer, Isidor J. 1997: Normalität und Nationalsozialismus, in: Psyche. Zeitschrift für Psychoanalyse und ihre Anwendungen, H. 5, S. 385–409.

Kiani, Shida 2013: Wiedererfindung der Nation nach dem Nationalsozialismus? Konfliktlinien und Positionen in der westdeutschen Nachkriegspolitik, Wiesbaden.

Kiedaisch, Petra (Hg.) 1995: Lyrik nach Auschwitz? Adorno und die Dichter, Stuttgart.

Klävers, Steffen 2019: Decolonizing Auschwitz? Komparativ-postkoloniale Ansätze in der Holocaustforschung, Berlin.

Klundt, Michael/Samuel Salzborn/Marc Schwietring/Gerd Wiegel 2003: Erinnern, verdrängen, vergessen. Geschichtspolitische Wege ins 21. Jahrhundert, Gießen.

Köcher, Renate 1986: Deutsche und Juden vier Jahrzehnte danach. Eine Repräsentativbefragung im Auftrag des STERN, Allensbach.

Kreimeier, Klaus 2005: Plappern über »damals«, in: die tageszeitung v. 30. März.

Kreutzberger, Wolfgang 1998a: Aktions-/Reaktionsschema im Bereich Rechtsextremismus (unveröffentl. Schaubild), Hannover.

Kreutzberger, Wolfgang 1998b: Ursachen für Aufstieg und Niedergang von Rechtsextremismus (Phasen in der BRD) (unveröffentl. Schaubild), Hannover.

Leemhuis, Remko 2020: »Ich muß deshalb dringend von jeder zusätzlichen Aktion für Israel abraten.« Das Auswärtige Amt und Israel zwischen 1967 und 1979, Münster.

Leggewie, Claus/Erik Meyer 2005: »Ein Ort, an den man gerne geht«. Das Holocaust-Mahnmal und die deutsche Geschichtspolitik nach 1989, München.

Levy, Daniel/Natan Sznaider 2001: Erinnerung im globalen Zeitalter: Der Holocaust, Frankfurt.

Lipowatz, Thanos 1998: Politik der Psyche. Eine Einführung in die Psychopathologie des Politischen, Wien.

Lohl, Jan 2010: Gefühlserbschaft und Rechtsextremismus. Eine sozialpsychologische Studie zur Generationengeschichte des Nationalsozialismus, Gießen.

Lohl, Jan 2017: »Zerstörung von Erinnerung«. Antisemitismus nach Auschwitz in der Perspektive der Kritischen Theorie und der psychoanalytischen Sozialpsychologie, in: Jahrbuch für Antisemitismusforschung, Bd. 26, S. 229–252.

Lorenz, Matthias N. 2005: »Auschwitz drängt uns auf einen Fleck«. Judendarstellung und Auschwitzdiskurs bei Martin Walser, Stuttgart/Weimar.

Mallmann, Klaus-Michael 2002: »Mensch, ich feuere heut' den tausendsten Genickschuß«. Die Sicherheitspolizei und die Shoah in Westgalizen, in: Paul 2002b, S. 109–136.

Manoschek, Walter 1995: »Verschmähte Erbschaft«. Österreichs Umgang mit dem Nationalsozialismus 1945 bis 1955, in: Reinhard Sieder/Heinz Steinert/Emmerich Tálos (Hg.): Österreich 1945–1995, Wien, S. 94–106.

Manoschek, Walter 2002: »Wo der Partisan ist, ist der Jude, und wo der Jude ist, ist der Partisan«. Die Wehrmacht und die Shoah, in: Paul 2002a, S. 167–185.

Maus, Stephan 2008: Hitlers »Titanic«. Der Untergang der »Wilhelm Gustloff« war die größte Schiffskatastrophe aller Zeiten. Das ZDF hat aus dem Drama einen revisionistischen Event-Zweiteiler gemacht, in: stern, 02.03., https://www.stern.de/kultur/tv/zdf-zweiteiler-hitlers--titanic--3081828.html

Mitscherlich, Alexander/Margarete Mitscherlich 1980: Die Unfähigkeit zu trauern. Grundlagen kollektiven Verhaltens, 13. Aufl., München.

Moller, Sabine 1998: Die Entkonkretisierung der NS-Herrschaft in der Ära Kohl, Hannover.

Moré, Angela 2013: Die unbewusste Weitergabe von Traumata und Schuldverstrickungen an nachfolgende Generationen, in: Journal für Psychologie, H. 2, https://www.journal-fuer-psychologie.de/index.php/jfp/article/view/268/310.

Mueller, Agnes 2017: Die Unfähigkeit zu lieben. Juden und Antisemitismus in der Gegenwartsliteratur, Würzburg.

Münkler, Herfried 2003: Unter Abwertungsvorbehalt. Vom Bombenkrieg bis zur Vertreibung: Seit einigen Jahren experimentiert Deutschland mit einer Politik des Opfers, in: Frankfurter Rundschau v. 24. September.

Neumann, Franz 1968: Der Block der Heimatvertriebenen und Entrechteten 1950–1960. Ein Beitrag zur Geschichte und Struktur einer politischen Interessenpartei, Meisenheim am Glan.

Niedermayer, Oskar/Elmar Brähler 2002: Rechtsextreme Einstellungen in Deutschland. Ergebnisse einer repräsentativen Erhebung im April 2002. Fassung der Pressekonferenz am 5. September 2002, Berlin.

Niethammer, Lutz 1982: Die Mitläuferfabrik. Die Entnazifizierung am Beispiel Bayerns, 2. Aufl., Berlin/Bonn.

Noelle, Elisabeth /Erich Peter Neumann (Hg.) 1965: Jahrbuch der öffentlichen Meinung 1958–1964, Allensbach/Bonn.

Noelle, Elisabeth/Erich Peter Neumann (Hg.) 1956: Jahrbuch der öffentlichen Meinung 1947–1955, 2. durchgeseh. Aufl., Allensbach.

o.V. (2017): Gauland fordert ›Stolz‹ auf deutsche Soldaten, in: Frankfurter Allgemeine Zeitung online v. 14. September.

Oberländer, Theodor: Von der Front des Volkstumskampfes, in: Neues Bauerntum, Heft 4/5, April/Mai 1940, Faksimile in: Ausschuss für Deutsche Einheit (Hg.): Die Wahrheit über Oberländer. Braunbuch über die verbrecherische faschistische Vergangenheit des Bonner Ministers, 2. erw. Aufl., Berlin 1960, S. 74ff.

Orth, Karin 2002: Experten des Terrors. Die Konzentrationslager-SS und die Shoah. in: Paul 2002a, S. 93–108.

Padover, Saul K. 1999: Lügendetektor. Vernehmungen im besiegten Deutschland 1944/45 (engl. EA 1946), Frankfurt.

Paul, Gerhard (Hg.) 2002a: Die Täter der Shoah. Fanatische Nationalsozialisten oder ganz normale Deutsche?, Göttingen.

Paul, Gerhard 2002b: Von Psychopathen, Technokraten des Terrors und »ganz gewöhnlichen« Deutschen. Die Täter der Shoah im Spiegel der Forschung, in: Ders. 2002a, S. 13–90.

Pelinka, Anton 2006: Die Politik der politischen Kultur, in: Österreichische Zeitschrift für Politikwissenschaft, Jg. 35, S. 225–235.

Reichel, Peter 2007a: Vergangenheitsbewältigung in Deutschland. Die Auseinandersetzung mit der NS-Diktatur in Politik und Justiz, 2. akt. u. überarb. Aufl., München.

Reichel, Peter 2007b: Erfundene Erinnerung. Weltkrieg und Judenmord in Film und Theater (EA 2004), Frankfurt.

Reichel, Peter/Harald Schmid/Peter Steinbach (Hg.) 2009: Der Nationalsozialismus – Die zweite Geschichte. Überwindung – Deutung – Erinnerung, München.

Rensmann, Lars 2004: Demokratie und Judenbild. Antisemitismus in der politischen Kultur der Bundesrepublik Deutschland, Wiesbaden.

Richter, Horst Eberhard 1979: Der Gotteskomplex. Die Geburt und die Krise des Glaubens an die Allmacht des Menschen, Reinbek.

Rohe, Karl 1990: Politische Kultur und ihre Analyse. Probleme und Perspektiven der politischen Kulturforschung, in: Historische Zeitschrift 250, S. 321–346.

Rohe, Karl 1996: Politische Kultur: Zum Verständnis eines theoretischen Konzepts, in: Oskar Niedermayer/Klaus von Beyme (Hg.): Politische Kultur in Ost- und Westdeutschland, Opladen, S. 1–22.

Rolf Pohl 2001: Normalität und Pathologie. Sozialpsychologische Anmerkungen zum Umgang mit der NS-Gewalt in der deutschen Nachkriegsgesellschaft, in: Loccumer Initiative kritischer Wissenschaftlerinnen und Wissenschaftler (Hg.): Gewalt und Zivilisation in der bürgerlichen Gesellschaft, Hannover, S. 89–109.

Rosenfeld, Alvin 2011: The End of the Holocaust, Bloomington.

Rosenthal, Gabriele 1997: Der Holocaust im Leben von drei Generationen. Familien von Überlebenden der Shoah und von Nazi-Tätern, 2. Aufl., Gießen.

Salzborn, Samuel 2000: Grenzenlose Heimat. Geschichte, Gegenwart und Zukunft der Vertriebenenverbände, Berlin.

Salzborn, Samuel 2005: Ethnisierung der Politik. Theorie und Geschichte des Volksgruppenrechts in Europa, Frankfurt/New York.

Salzborn, Samuel 2010: Antisemitismus als negative Leitidee der Moderne. Sozialwissenschaftliche Theorien im Vergleich, Frankfurt/New York.

Salzborn, Samuel 2014: Antisemitismus. Geschichte, Theorie, Empirie, Baden-Baden.

Salzborn, Samuel 2017: Angriff der Antidemokraten. Die völkische Rebellion der Neuen Rechten, Weinheim.

Salzborn, Samuel 2018a: Antisemitism in the »Alternative for Germany« Party, in: German Politics and Society, H. 3, S. 74–93.

Salzborn, Samuel 2018b: Globaler Antisemitismus. Eine Spurensuche in den Abgründen der Moderne, Weinheim.

Schmid, Antonia 2019: Ikonologie der »Volksgemeinschaft«. ›Deutsche‹ und das ›Jüdische‹ im Film der Berliner Republik, Göttingen.

Schwan, Gesine 1999: Antikommunismus und Antiamerikanismus in Deutschland. Kontinuität und Wandel nach 1945, Baden-Baden.

Schwarz-Friesel, Monika 2019: Judenhass im Internet. Antisemitismus als kulturelle Konstante und kollektives Gefühl, Leipzig.

Schwarz-Friesel, Monika/Jehuda Reinharz 2013: Die Sprache der Judenfeindschaft im 21. Jahrhundert, Berlin/New York.

Senfft, Alexandra 2008: Schweigen tut weh. Eine deutsche Familiengeschichte, Berlin.

Serloth, Barbara 2016: Von Opfern, Tätern und jenen dazwischen. Wie Antisemitismus die Zweite Republik mitbegründete, Wien.

Serloth, Barbara 2019: Nach der Shoah. Politik und Antisemitismus in Österreich nach 1945, Wien/Berlin.

Silbermann, Alphons 1982: Sind wir Antisemiten? Ausmaß und Wirkung eines sozialen Vorurteils in der Bundesrepublik Deutschland, Köln.

Silbermann, Alphons/Manfred Stoffers 2000: Auschwitz: Nie davon gehört? Erinnern und Vergessen in Deutschland, Berlin.

SINUS (Hg.) 1981: 5 Millionen Deutsche: »Wir sollten wieder einen Führer haben ...« Die SINUS-Studie über rechtsextremistische Einstellungen bei den Deutschen, Reinbek.

Süselbeck, Jan 2012: Was geantwortet werden muss. Wie Günter Grass sein Gedicht »Was gesagt werden muss« bereits 1990 in seiner Frankfurter Poetikvorlesung ankündigte – mit einem Exkurs zu seiner Novelle »Im Krebsgang« (2002), in: literaturkritik.de, Nr. 5 (Mai).

Süselbeck, Jan 2013: Fünf Freunde, in: literaturkritik.de, Nr. 4 (April).

Thiele, Anja 2019: Die Shoah in der Literatur der DDR, Jena (Diss.).

Wachs, Philipp-Christian 2000: Der Fall Theodor Oberländer (1905–1998). Ein Lehrstück deutscher Geschichte, Frankfurt/New York.

Walser, Martin 1998: Die Banalität des Guten. Erfahrungen beim Verfassen einer Sonntagsrede aus Anlaß der Verleihung des Friedenspreises des Deutschen Buchhandels, in: Frankfurter Allgemeine Zeitung v. 12. Oktober.

Walser, Martin 2002a: Tod eines Kritikers, Frankfurt.

Walser, Martin 2002b: »Der Autor ist der Verlierer«, Interview in: Der Spiegel v. 03. Juni.

Waschkuhn, Arno 2002: Grundlegung der Politikwissenschaft. Zur Theorie und Praxis einer kritisch-reflexiven Orientierungswissenschaft, München/Wien.

Welzer, Harald/Sabine Moller/Karoline Tschuggnall 2002: »Opa war kein Nazi«. Nationalsozialismus und Holocaust im Familiengedächtnis, Frankfurt.

Wendler, Fabian 2017: NS-Täter in der Geschichtsschreibung der SBZ und DDR bis in die 1960er-Jahre, Berlin.

Wiegand, Lutz 1993: Der Lastenausgleich in der Bundesrepublik Deutschland 1949 bis 1985, Frankfurt u. a.

Wiegel, Gerd 2004: Familiengeschichte vor dem Fernseher. Erinnerte NS-Geschichte in den Dokumentationen Guido Knopps, in: Michael Klundt (Hg.): Heldenmythos und Opfertaumel. Der Zweite Weltkrieg und seine Folgen im deutschen Geschichtsdiskurs, Köln, S. 82–102.

Wildt, Michael 2005: »Der Untergang«. Ein Film inszeniert sich als Quelle, in: Zeithistorische Forschungen, H. 1, S. 131–142.

Wildt, Michael 2007: Volksgemeinschaft als Selbstermächtigung. Gewalt gegen Juden in der deutschen Provinz 1919 bis 1939, Hamburg.

Wildt, Michael 2019: Die Ambivalenz des Volkes. Der Nationalsozialismus als Gesellschaftsgeschichte, Frankfurt.

Wodak, Ruth u.a. 1990: »Wir sind alle unschuldige Täter!« Diskurshistorische Studien zum Nachkriegsantisemitismus, Frankfurt.

Wonka, Dieter 2000: Vertriebene für Gedenkstätte neben Holocaust-Mahnmal, in: Leipziger Volkszeitung v. 29. Mai.

Zielinski, Siegfried 1996: History as Entertainment and Provocation. The TV Series »Holocaust« in West Germany, in: Anson Rabinbach/Jack Zipes (Hg.): Germans and Jews since the Holocaust. The Changing Situation in West Germany, New York/London, S. 258–283.

Zimmermann, Volker 1999: Die Sudetendeutschen im NS-Staat. Politik und Stimmung der Bevölkerung im Reichsgau Sudetenland (1938–1945), Essen.

Die Deutsche Nationalbibliothek verzeichnet diese Publikation in der Deutschen Nationalbibliografie; detaillierte Daten sind im Internet über https://portal.dnb.de/ abrufbar.

Inh. Dr. Nora Pester
Haus des Buches
Gerichtsweg 28
04103 Leipzig
info@hentrichhentrich.de
http://www.hentrichhentrich.de

Lektorat: Philipp Hartmann
Gestaltung: Gudrun Hommers
Druck: Winterwork, Borsdorf

1. Auflage 2020

Printed in Germany
ISBN 978-3-95565-359-0